Ludmila Detzel

Vertragsverhandlungen in Russland

Bibliographische Information:
Die Deutsche Bibliothek verzeichnet diesen Titel in der Deutschen Nationalbibliografie. Bibliografische Daten sind unter http://dnb.ddb.de verfügbar.

Ludmila Detzel

Vertragsverhandlungen in Russland

1. Auflage 2006

ISBN 10:3-937686-53-3
ISBN 13: 978-3937686-53-0

Nachdruck, auch auszugsweise, nur mit schriftlicher Genehmigung des Verlags

© CT Salzwasser-Verlag GmbH & Co. KG, Bremen, 2006
(www.salzwasserverlag.de)

Druck und Herstellung: Hohnholt Reprografischer Betrieb GmbH, Bremen (www.hohnholt.com)

Dieser Titel unterliegt dem Gesetz zur Regelung der Preisbindung von Verlagserzeugnissen (BGBl. I Nr. 63 vom 5. September 2002)

INHALTSVERZEICHNIS

1.	**Einleitung**	**9**
2.	**Deutsch-russische Wirtschaftsbeziehungen**	**10**
3.	**Kultur, Kulturdimensionen, Kulturstandards**	**13**
3.1.	Der Kulturbegriff	13
3.2.	Kulturdimensionen nach Hofstede	15
3.3.	Die GLOBE-Studie	16
3.4.	Kulturstandardmethode nach Thomas	17
3.5.	Notwendigkeit interkultureller Kompetenz	19
4.	**Verhandlungen**	**21**
4.1.	Begriff	21
4.2.	Verhandlungsebenen	21
4.3.	Prozessebene: Verlaufsstruktur einer Verhandlung	23
4.3.1.	Vorbereitung einer Verhandlung	23
4.3.2.	Verhandlungsablauf	25
4.3.2.1.	Phase 1: Die Startphase	26
4.3.2.2.	Phase 2: Die Sondierungsphase	27
4.3.2.3.	Phase 3: Die Entscheidungsphase	28
4.3.2.4.	Phase 4: Die Ergebnisphase	30
4.3.2.5.	Phase 5: Die Schlussphase	30
4.3.3.	Abschluss	31
4.3.4.	Nachbereitung und Umsetzung	31
4.4.	Methodische Ebene: Verhandlungsstrategien und -taktiken	32
4.4.1.	Verhandlungsstrategien	32
4.4.1.1.	Das „dual concern" Modell	33
4.4.1.2.	Integratives Verhandeln	35
4.4.1.3.	Das Harvard-Konzept	38
4.4.2.	Verhandlungstaktiken	41
4.4.2.1.	Verbale Taktiken	41
4.4.2.2.	Nonverbale Taktiken	43
4.5.	Soziale Ebene: Auswirkungen unterschiedlicher Wertesysteme	44
4.5.1.	Abschluss- versus beziehungsorientierte Geschäftskulturen	44
4.5.2.	Formelle versus informelle Geschäftskulturen: Hierarchien, Status und Respekt	45
4.5.3.	Interkulturelle Kommunikationsbarrieren	47
4.5.3.1.	Verbale Kommunikation	48
4.5.3.2.	Paraverbale Kommunikation: Stimmlage, Schweigen	49
4.5.3.3.	Nonverbale Kommunikation: Distanzverhalten, Gesten und Blickkontakt	51

4.5.3.3.1.	Raumkonzept	52
4.5.3.3.2.	Zeitfaktor	53
4.6.	Zwischenergebnis	54
5.	**Anwendung der Kulturtheorien auf Russland**	**55**
5.1.	Vergleich zwischen Russland und Deutschland	55
5.2.	Charakterisierung der russischen Kultur	56
5.2.1.	Individualismus-Kollektivismus	57
5.2.2.	Machtdistanz	58
5.2.3.	Maskulinität-Feminität	59
5.2.4.	Unsicherheitsvermeidung	61
5.2.5.	Paternalismus	62
5.2.6.	Fazit	64
5.3.	Zentrale russische Kulturstandards	65
5.3.1.	Gruppenbezogenheit	65
5.3.2.	Hierarchiebewusstsein	65
5.3.3.	Paternalismus	66
5.3.4.	Emotionalität	66
5.3.5.	Situative Polarität	67
5.3.6.	Gegenwartsbezogene Prozessorientierung	68
5.3.7.	Pessimismus/Fatalismus	68
5.4.	Einige Hintergründe russischer Kulturstandards	68
6.	**Besonderheiten einer Verhandlung mit russischen Partnern**	**70**
6.1.	Vorbereitung	70
6.1.1.	Verlauf	74
6.1.2.	Russische Verhandlungstypen	76
6.1.3.	Vertrag und seine Erfüllung	78
6.1.4.	Pflege sozialer Beziehungen im Rahmen einer Verhandlung	79
6.2.	Verhandlungsstrategien und –taktiken	80
6.2.1.	Russische Verhandlungsführung	80
6.2.2.	Übertragbarkeit der Verhandlungstheorien auf die Wahl einer Strategie	83
6.2.3.	Bevorzugte Taktiken russischer Verhandlungspartner	85
6.3.	Auswirkungen russischer Kultur und Mentalität auf den Erfolg einer Verhandlungen	87
6.3.1.	Informelle Netzwerke und Bürokratie	87
6.3.2.	Kommunikationsstil russischer Verhandlungspartner	88
6.3.2.1.	Verbale Kommunikation	88
6.3.2.2.	Paraverbale Kommunikation: Emotionen in einer Verhandlung	88
6.3.2.3.	Nonverbale Kommunikation beim Verhandeln mit russischen Partnern	89
6.3.2.3.1.	Kultur der Berührung und Körpernähe	89

6.3.2.3.2.	Zeitverständnis im russischen Geschäftsleben	90
7.	**Schlussbetrachtung**	**91**
8.	**Anhänge**	**101**
8.1.	Anhang A: Ergänzende Abbildungen zum Text	101
8.2.	Anhang B: Ergänzende Übersichten zum Text	104
8.3.	Anhang C: Umfrage	114
8.3.1.	Fragebogen	114
8.3.2.	Ergebnisse der Umfrage	121

WICHTIGE ABKÜRZUNGEN

AHK	Auslandshandelskammer
AO	abschlussorientiert
BO	beziehungsorientiert
CN	China
стр.	страница (Seite)
DDR	Deutsche Demokratische Republik
DE	Deutschland
DK	Dänemark
ed.	edited (herausgegeben)
engl.	englisch
GLOBE	Global Leadership and Organizational Behaviour Effectiveness Program
HK	Hong Kong
Hrsg.	Herausgeber
IDV	Individualismus
i.e.	ie id est (das heißt)
IFIM	Institut für interkulturelles Management
IfM	Institut für Mittelstandsforschung
IT	Informationstechnologie
JP	Japan
Ltd.	Private Limited Company
LTO	Langzeitorientierung
MAS	Maskulinität
PDI	Power Distance Index
RU	Russland
rus.	russisch
SE	Schweden
SG	Singapur
TW	Taiwan
UAI	Uncertainty Avoidance Index
WTO	World Trade Organization

„Mit dem Verstand kann man Russland nicht erfassen.
...An Russland kann man nur glauben."

F.I. Tjutchev[1]

---

[1] Zitiert nach Baumgart/Jänecke 2000, S. 48.

1. Einleitung

In den letzten Jahren gewinnen die Ost-West-Beziehungen zunehmend an Bedeutung. Immer häufiger kommt es nicht nur zu privaten, sondern auch verstärkt zu geschäftlichen Kontakten mit Vertretern osteuropäischer Länder. Eine besondere Stellung kommt dabei Russland zu. Durch zunehmende Modernisierung und Stabilisierung des Landes hat sich Russland zu einem der dynamischsten Märkte mit einer durchschnittlichen jährlichen Wachstumsrate von 6,75 Prozent[2] entwickelt. Der russische Wirtschaftsmarkt mit seinen etwa 145 Millionen Konsumenten (Bundesstatistikamt Russland 2004) bietet enorme wirtschaftliche Chancen und eröffnet unendliche Möglichkeiten für internationale wirtschaftliche Verbindungen. Auch deutsche Geschäftsleute haben dieses Potential erkannt und engagieren sich verstärkt auf dem russischen Markt. Der Erfolg jeder Zusammenarbeit hängt dabei in entscheidendem Maße von den vorangegangenen Verhandlungen ab. Neben der Problematik des Verhandelns im Allgemeinen kommt es bei Verhandlungen mit russischen Partnern zu Kommunikationsherausforderungen im Bezug auf den sprachlichen Gebrauch. Dies wird weitgehend durch den Einsatz der englischen Sprache als Lingua franca oder eines Dolmetschers gelöst. Aber wenn man auch die gleiche Sprache wie z.B. Englisch spricht, garantiert dies keine einwandfreie Verständigung zwischen Parteien aus unterschiedlichen Kulturen, da diese weiterhin in eigenen kulturspezifischen Kategorien denken und auch dementsprechend handeln. Das ist in erster Linie der Grund für die Missverständnisse zwischen den in eine geschäftliche Beziehung eingebundenen Menschen.

Die Überwindung dieser Problematik ist von großer Bedeutung im Russlandgeschäft und entscheidet über Erfolg oder Missverfolg einer Verhandlung. Nicht selten wird aber Russland wegen der geographischen Nähe unterschätzt. Auf den ersten Blick erscheinen das Land

---

[2] Der durchschnittlichen Wachstumsrate liegen jährlich erreichte Wachstumsraten zugrunde: 1999 – 6,4%, 2000 – 10,0%, 2001 – 5,1%, 2002 – 4,7%, 2003 – 7,3%, 2004 – 7% (in Anlehnung an Russland-Analysen 2004a und Dworezkaja 2004, S. 73).

und die Leute vertraut, doch die kulturellen und mentalitätsbedingten Unterschiede machen oft nicht nur die Verständigung, sondern auch das Verständnis für den russischen Partner fast unmöglich. Ist der deutsche Partner nicht bereit, kulturelle Unterschiede zu akzeptieren und eine Beziehung zu seinem russischen Geschäftspartner aufzubauen, sind Verhandlungen zum Scheitern verurteilt.

Vor diesem Hintergrund ergeben sich für die vorliegende Untersuchung folgende Fragen: Welche kritischen Punkte sind im Verhandlungsverlauf mit einem russischen Partner zu beachten? Was kennzeichnet russische Verhandlungsführung und welche Taktiken werden in Verhandlungen bevorzugt? Wie wirken sich die russische Kultur und Mentalität auf den Verlauf und Erfolg einer Verhandlung aus?

2. Deutsch-russische Wirtschaftsbeziehungen

Seit mehr als einem Jahrzehnt befindet sich Russland in einem schwierigen, aber auch sehr positiven Transformationsprozess. In dieser Zeit wurden bereits viele Wirtschaftsreformen durchgeführt. Besonders der russische Präsident Wladimir Putin hat die Modernisierung des Landes durch Privatisierung, die Reform von Grund und Boden, das Recht für die Gründung von Kapitalgesellschaften und neue Steuerpolitik vorangetrieben und somit die Rahmenbedingungen für Investoren deutlich verbessert (Ost-Ausschuss der deutschen Wirtschaft 2004). Infolge dieser Entwicklung zieht Russland immer mehr ausländische Investitionen an.

Deutschland gehört zu den größten Investoren des Landes. Seit den neunziger Jahren hat Deutschland über 10 Milliarden US-Dollar in Russland investiert. Bei den ausländischen Direktinvestitionen steht Deutschland mit 2,5 Mrd. US-Dollar an fünfter Stelle nach USA, Zypern, Niederlande und Großbritannien. Deutschland ist ebenfalls der wichtigste Handelspartner Russlands. Russland bezieht mehr als 14 Prozent aller Importe aus Deutschland (Ost-Ausschuss der deutschen Wirtschaft 2004). Dabei handelt es sich um Maschinen, Fahrzeuge und Fahrzeugteile, Nahrungsmittel, elektrotechnische und chemische Erzeugnisse (siehe Anhang A, S. 101). Zu russischen Exporten nach Deutschland zählen in erster Linie Erdöl, Produkte aus Erdöl und Erdgas, Mineralölerzeugnisse, Holz und Holzprodukte, Metall und Stall (Meier 2004, siehe Anhang A, S. 101). Die nachfolgende Tabelle liefert einen Überblick über den deutsch-russischen Handel der letzten Jahre.

Jahr	Russische Exporte nach Deutschland in Mrd. Euro	Wachstum in %	Deutsche Exporte nach Russland in Mrd. Euro	Wachstum in %	Handelsbilanz
2000	8,4	56,8	6,7	31,70	15,06
2001	14,6	42,5	10,3	35,08	24,86
2002	13,2	-10,6	11,4	9,76	24,57
2003	14,2	7,04	12,1	6,11	26,31
2004	14,7	3,40	15,3	20,80	30,00
*2005	*15,4	*4,55	*17,5	*12,57	*46,90

*geschätzte Werte

Tabelle 1: Handel zwischen Deutschland und Russland, in Anlehnung an Meier 2004 und AHK 2005.

Aktuell sind mehr als 3.500 deutsche Unternehmen auf dem russischen Markt aktiv. Viele Unternehmen planen, ihre Aktivitäten im Russlandgeschäft zu erweitern und ihre Produktionsstandorte nach Russland zu verlegen (Schröder 2004b und Schröder/Putin 2005). Zu den wichtigsten Zielbranchen deutscher Unternehmen, die sich auf dem russischen Markt engagieren, zählen Energie, Biotechnologie, Maschinen- und Anlagebau, Automobilzulieferindustrie, Luft- und Raumfahrt, Informations- und Telekommunikationstechnologien, Pharmaindustrie, Lebensmittelverarbeitung sowie Groß- und Einzelhandel (Schröder 2004a).

Das Vorhaben deutscher Unternehmen, sich verstärkt in Russland einzusetzen, trifft auf die Zustimmung des russischen Unternehmertums. So haben auf der Hannover Messe 2005 neben den 6.090 Ausstellern aus 65 Ländern auch 150 Unternehmen der russischen Industrie im Bereich der technologischen Neuentwicklungen für alle Industriebranchen ausgestellt und damit ein „konkretes Angebot zur Zusammenarbeit" signalisiert (Schröder/Putin 2005).

Der Beitritt Russlands zu WTO, über den bereits verhandelt wird, wird sich zusätzlich positiv auf die ökonomische Entwicklung Russlands auswirken, zu mehr Transparenz der Wettbewerbsbedingungen und zu mehr Rechtssicherheit führen und somit zur Integration Russlands in die Weltwirtschaft beitragen (Schröder 2004a).

Die enge Partnerschaft zwischen Deutschland und Russland besteht aber nicht nur auf politischer und wirtschaftlicher Ebenen. Zunehmend werden die Beziehungen und der kulturelle Austausch zwischen den Völkern beider Länder gefördert und gefestigt. Es werden intensive Kontakte zwischen den beiden Parlamenten, Regionen, Behörden und Institutionen unterhalten. Durch immer steigende Anzahl an Städtepartnerschaften kommen sich die Menschen beider Völker näher. Von diesen Begegnungen waren vor allem die deutsch-russischen Kulturjahre 2003/2004 geprägt. Besonders wichtig sind die zahlreichen Austauschprogramme zwischen den Schulen und Universitäten, denn die Zukunft der deutsch-russischen Partnerschaft hängt vor allem von der jungen Generation ab. „Nur wenn junge Russen und Deutsche einander begegnen, gegenseitiges Interesse entwickeln und einander besser verstehen lernen, wird das Bewusstsein für die Bedeutung des deutsch-russischen Verhältnisses wach gehalten." (Schröder 2004a).

Die Sensibilisierung beider Kulturen füreinander ist der Garant für den Erfolg am Verhandlungstisch und somit für den Erfolg zukünftiger Kooperationen. Um die Bedeutung kultureller Unterschiede und Einflüsse bei interkulturellen Verhandlungen besser zu verstehen, soll in folgendem Kapitel das Konstrukt Kultur näher beschrieben werden.

3. Kultur, Kulturdimensionen, Kulturstandards

3.1. Der Kulturbegriff

In der Literatur existiert eine Fülle von Definitionen des Begriffs Kultur. Grund dafür sind die zahlreichen Forschungsrichtungen, die sich mit dieser Thematik auseinander setzen. Kroeber und Kluckhohn haben in den fünfziger Jahren 164 verschiedene Auffassungen des Kulturbegriffs analysiert und eine umfassende Definition vorgeschlagen, die heute weitgehend akzeptiert wird (Meyer 2004, S. 71, Dowling/ Schuler 1998, S. 31 und Bierbrauer 2002, S. 270).

„Culture consists of patterns, explicit and implicit, of and for behaviour acquired and transmitted by symbols, constituting the distinctive achievement of human groups, including their embodiments in artefacts; the essential core of culture consists of traditional (i.e. historically derived and selected) ideas and especially their attached value; culture systems may, on the one hand, be considered as products of action, on the other hand as conditioning elements of further action" (vgl. Kroeber und Kluckhohn (1952), zitiert nach Meyer 2004, S. 71 und Dowling/Schuler 1998, S. 31).

Dieser erweiterte Kulturbegriff umgreift sowohl explizite als auch implizite Kulturphänomene. Explizite Kultur ist offensichtlich und wird von Menschen bewusst wahrgenommen. Sie basiert einerseits auf materiellen Objekten in Form von menschlichen Erzeugnissen wie z.B. Gebäude, Denkmäler, Kleidung, Nahrung und andererseits auf sozialen Interaktionen unter Mitgliedern einer Kultur. Implizite Kultur beinhaltet Überzeugungen, Einstellungen, Denkweisen, Werte und Normen und ist so selbstverständlich, dass sie den Menschen oft unbewusst ist (Zeisberg 2003, S. 24 und Meyer 2004, S. 71, siehe Anhang A, S. 102).

Hofstede (2001, S. 9f) definiert Kultur als „ the collective programming of the mind that distinguishes the members of one group or category of people from another." Er sieht seine Formulierung als eine Kurzdefinition, die alle Aspekte der Definition von Kroeber und Kluckhohn beinhaltet. Mit dem Wort „mind" fasst Hofstede den Kopf, das Herz und die Hände zusammen, die für das Denken, Fühlen und Handeln stehen und Konsequenzen für Glauben, Einstellungen und Verhaltensmuster haben.

Beide Definitionen sehen Kultur als ein kollektives Phänomen, d.h. Kultur wird von einer Gruppe geteilt und umfasst verhaltenssteuernde Grundannahmen und Wertvorstellungen, die innerhalb dieser Gruppe von Generation zu Generation weitergegeben werden. Kultur wird demnach nicht vererbt, sondern erlernt (Hofstede 1997, S. 3f, siehe Anhang A, S. 102).

Diese Definitionen verdeutlichen vor allem den großen Einfluss von Kultur auf interpersonelle Interaktionen und somit auf den Kommunikationsprozess und den Erfolg interkultureller Begegnungen. Aufgrund kultureller Unterschiede kommt es oft zu Problemen und Konflikten unter den beteiligten Personen. Es gibt viele Forschungsrichtungen, die sich mit dieser Problematik beschäftigen und nach Lösungsvorschlägen suchen. Die kulturvergleichende Managementforschung[3] bietet unter anderem einen Ansatz, bei dem das Konstrukt Kultur in verschiedene Dimensionen aufgespalten wird. Anhand dieser Dimensionen können einzelne Länder und Kulturkreise beschrieben und miteinander verglichen werden. Die bedeutendste Studie auf diesem Gebiet ist die Studie von Hofstede (Perlitz 2000, S. 282, 297f).

---

[3] Die kulturvergleichende Managementforschung (KVM) untersucht den Einfluss kultureller Faktoren auf Managementprozesse. Sie identifiziert, beschreibt und erklärt Unterschiede und Gemeinsamkeiten in Grundannahmen, Werten und Normen sowie Verhaltensmustern zwischen zwei oder mehreren Kulturen. Auf der Basis der Ergebnisse der Beschreibungen, Vergleiche und Klassifizierungen von verschiedenen Kulturen werden Theorien und Modelle über den Zusammenhang zwischen Managementvorgängen und kulturellen Faktoren entwickelt. Anhand dieser Theorien sollen erfasste Phänomene erklärt und ggf. Gesetzmäßigkeiten abgeleitet werden (Perlitz 2000, S. 292).

3.2. Kulturdimensionen nach Hofstede

Hofstede untersuchte eine der umfangreichsten Datenmengen aus einer Erhebung, an der weit über hunderttausend Angestellte eines internationalen Unternehmens in 67 Ländern teilgenommen haben. Die Auswertung der Fragebögen führte zur Identifikation von ursprünglich vier Dimensionen: Individualismus-Kollektivismus, Machtdistanz, Maskulinität-Femininität und Vermeidung von Unsicherheit. Eine spätere Untersuchung von Michael Harris Bond lieferte eine fünfte Dimension, die unter dem Namen Langzeitorientierung bekannt ist (Hofstede 1997, S. 16-18).

Die Dimension Individualismus-Kollektivismus beschreibt, inwieweit sich Menschen einer Gesellschaft als selbständige, unabhängige Individuen oder eher als ein Teil einer Gruppe mit Werten wie Gruppensolidarität oder -harmonie verstehen (Bierbrauer 2002, S. 274).

Machtdistanz spiegelt das Ausmaß gesellschaftlicher Akzeptanz über die ungleiche Verteilung von Macht in Organisationen wider (Hofstede 1997, S. 32). In Ländern mit hoher Machtdistanz sind Organisationen durch steile Hierarchien und einen autoritären Führungsstil gekennzeichnet. Mitarbeiter befolgen die Anweisungen von Vorgesetzten und vermeiden es, dem Vorgesetzten zu widersprechen. In Ländern mit geringer Machtdistanz ist die Barriere zwischen den Vorgesetzten und Mitarbeitern eher gering. Mitarbeiter werden nach ihrer Meinung gefragt und in Entscheidungen miteinbezogen (Hofstede 2001, S. 102-110).

Die Dimension Maskulinität-Femininität beschreibt inwieweit die Geschlechterrollen innerhalb einer Gesellschaft klar definiert und voneinander abgegrenzt sind. Eine maskuline Gesellschaft ist durch materiellen Erfolg, Konkurrenzdenken und starke Leistungsorientierung geprägt, während eine feminine Gesellschaft Wert auf Lebensqualität und zwischenmenschliche Beziehungen legt, eher Kompromisse eingeht und Kooperationen schätzt (Hofstede 1997, S. 113 und Perlitz 2000, S. 283f).

Unsicherheitsvermeidung wird von Hofstede (1997, S. 156) definiert als „der Grad, in dem die Mitglieder einer Kultur sich durch ungewisse oder unbekannte Situationen bedroht fühlen." Stark unsicherheitsvermeidende Kulturen versuchen solche Situationen durch Gesetze, Regeln und Verhaltensvorschriften zu vermeiden. Sie sind sehr intolerant gegenüber abweichendem Verhalten und neuen Ideen. In schwach unsicherheitsvermeidenden Kulturen besteht eine höhere Toleranz gegenüber Abweichungen und anderen Meinungen (Hofstede 2001, S. 146-148 und Dowling/Schuler 1998, S. 44).

Die fünfte Dimension Langzeitorientierung beschreibt eine Grundorientierung im Leben eines Menschen, die eher langfristig oder eher kurzfristig sein kann. Langfristig orientierte Menschen einer Gesellschaft zeichnen sich durch Ausdauer, Zielstrebigkeit, harte Arbeit und Lernbereitschaft aus, während für die kurzfristig orientierten Menschen persönliche Standhaftigkeit, Respekt vor Status, Statusverpflichtungen und Tradition, Wahrung des Gesichts sowie Erwiderung von Gefälligkeiten und Geschenken im Vordergrund steht (Hofstede 2001, S. 354). Hofstede hat in den jeweiligen Dimensionen Indices für die beteiligten Länder berechnet und diese auf einer Skala von 0 bis 100 in eine Rangordnung gebracht, um Unterschiede zwischen den Ländern aufzuzeigen.

3.3. Die GLOBE-Studie

Im Jahr 2004 wurde die GLOBE-Studie veröffentlicht. Sie aktualisiert nicht nur Hofstedes Forschungen, sondern erweitert diese um zusätzliche Dimensionen. Die Dimensionen Machtdistanz, Unsicherheitsvermeidung und Langzeitorientierung (in der GLOBE-Studie Zukunftsorientierung genannt) wurden weitgehend übernommen. Die Dimension Individualismus-Kollektivismus wurde in zwei Dimensionen aufgespaltet: Societal Collectivism und In-Group Collectivism. Auch Hofstedes Maskulinität-Femininität wurde in zwei Dimensionen aufgeteilt: Geschlechtergleichheit (Gender Egalitarianism) und Selbstbewusstsein (Assertivenes). Zwei weitere Dimensionen beschreiben

Leistungsorientierung (Performance Orientation) und Menschenorientierung (Humane Orientation) (House et al. 2004, S. 1-48 und IFIM 2003, siehe Anhang A, S. 103).

Die GLOBE-Studie bietet zwar aktuellere Ergebnisse im Vergleich zu Hofstede, doch bislang basiert sie auf einer geringeren Datenbasis von siebzehn Tausend Befragten. Hofstedes Untersuchung basiert dagegen auf über hunderttausend Befragten. Außerdem wird bei der aktuellen Studie eine andere Skala verwendet, so dass ein Vergleich mit Hofstedes Ergebnissen nicht möglich ist. Aus diesen Gründen sollen bei der Charakterisierung von Russland im Kapitel 5 die Dimensionen von Hofstede verwendet werden.

3.4. Kulturstandardmethode nach Thomas

Die Kulturstandardmethode wurde von Thomas als eine Alternative zur Kulturforschung nach Hofstede entwickelt. Thomas (1995, S. 87) beschreibt Kulturstandards als zentrale Merkmale einer Kultur und gibt folgende Definition des Begriffs: „Unter Kulturstandards werden alle Arten des Wahrnehmens, Denkens und Handelns verstanden, die von der Mehrzahl der Mitglieder einer bestimmten Kultur für sich persönlich und andere als normal, selbstverständlich, typisch und verbindlich angesehen werden. Eigenes und fremdes Verhalten wird auf der Grundlage dieser Kulturstandards beurteilt und reguliert."

Krewer (1996, S. 152) sieht Kulturstandards als „Mittel der Selbst- und Fremdreflexion in interkulturellen Begegnungen" an. Diese sollen dabei helfen, das Denken, Fühlen und Verhalten des fremdkulturellen Partners verständlich und kommunizierbar zu machen.

Die Kulturstandardmethode basiert auf komparativen narrativen Interviews mit Rückkoppelungen[4]. Im Mittelpunkt der Untersuchung

---

[4] Die Interviewpartner, überwiegend Manager, wurden nach kritischen Situationen gefragt, in denen sie das Verhalten ihrer ausländischen Partner als nicht

stehen die Erfassung der zur Beurteilung des Verhaltens zugrunde liegenden Werthaltungen und Annahmen, eigen- und fremdkulturelle Beurteilungen sowie Anpassungs- und Bewältigungsstrategien der Manager in einer kritischen Situation (Fink/Meierewert 2001, S. 5-8). Die Besonderheit dieser Methode liegt darin, dass zur Ermittlung der Kulturstandards immer nur zwei kulturelle Orientierungssysteme im Bezug zu einander analysiert werden können.

Kulturstandards sind nicht bei allen Mitgliedern einer Kultur im gleichen Maße ausgeprägt, deswegen können lediglich vorherrschende Tendenzen, sozusagen typisches bzw. durchschnittliches Verhalten von Mitgliedern einer Kultur beschrieben werden (Schroll-Machl 2003, S. 29-31).

Die Kulturstandardmethode stellt daher nicht den Anspruch, eine bestimmte Kultur vollständig beschreiben zu können, sondern versucht „die für eine spezifische Kultur typische Ausprägung menschlichen Wahrnehmen, Fühlen, Denken und Handeln zu erfassen" und dadurch kulturell bedingte Unterschiede und Ähnlichkeiten im Handeln aber auch die Hintergründe dieses Verhaltens zu erklären (Thomas et al. 2003, S. 20 und Fink/ Meierewert 2001, S. 9).

Thomas et al. (2003, S. 21) machen darauf aufmerksam, dass Kulturstandards leicht mit Vorurteilen gleichgesetzt werden können, da diese auch typisches Verhalten der Menschen einer Kultur beschrei-

---

erwartet, fremd und ungewöhnlich erlebten. Sie wurden außerdem gebeten, eine mögliche Erklärung für das Verhalten der ausländischen Partner zu geben und zu schildern, wie sie selbst mit dieser kritischen Situation umgegangen sind und ob sie ihr Verhalten der Situation angepasst haben oder nicht. Die Rückkoppelung wurde hergestellt durch das Abgleichen der Eigen- und Fremdbeurteilungen, indem eine geschilderte Situation zwischen zwei Menschen aus unterschiedlichen Kulturen den Angehörigen beider beteiligten Kulturen vorgelegt und anschließend diskutiert wurde. Wenn durch die Mitglieder der Eigenkultur wahrgenommene Kultureigenschaft der Fremdkultur auch durch die Mitglieder der Fremdkultur bestätigt wurden, konnte tatsächlich ein Kulturstandard ermittelt werden (Fink/Meierewert 2001, S. 5-8). Die aus den Interviews und Eigen- und Fremdbeurteilungen gewonnenen Informationen wurden zu zentralen und nicht-zentralen Kulturstandards verdichtet, bis zu zehn Kulturstandards pro Kultur wie z.B. Titelverwendung, Regelorientierung, Beziehungsorientierung usw. (Thomas 1995, S. 87).

ben. Den Unterschied sehen die Autoren darin, dass Kulturstandards anhand einer systematischen Analyse der tatsächlich erlebten Handlungssituationen ermittelt werden und nicht eine vereinfachte und unreflektierte Bemerkung oder Meinung wiedergeben.

Fink und Meierewert (2001, S. 9, 11f) merken kritisch an, dass mit den Interviews lediglich eine Momentaufnahme erfasst wird, die den sozialen Wandel, dem eine Gesellschaft unterliegt, unberücksichtigt lässt. Die Methode des narrativen Interviews selbst, d.h. die Art und Weise, wie man ein Interview durchführt und wie die Befragten antworten, direkt oder eher allgemein, bedarf aufgrund ihrer starken Kulturabhängigkeit einer Anpassung an die jeweilige Kultur, in der die Erhebungen durchgeführt werden.

3.5. Notwendigkeit interkultureller Kompetenz

Die kulturvergleichende Managementforschung liefert mit Hilfe verschiedener Theorien wie etwa Dimensionen von Hofstede und der Kulturstandardmethode von Thomas Anhaltspunkte zur Erfassung der Auswirkungen kultureller Unterschiede der Kooperationspartner bzw. der Verhandlungspartner auf die Gestaltung und Verlauf internationaler Zusammenarbeit. Die sowohl unterschiedlichen Ausprägungen der Partner in Hofstedes Dimensionen als auch unterschiedliche Kulturstandards bringen unterschiedliche Werthaltungen und Wahrnehmungen der beteiligten Parteien mit sich. Diese Differenzen können zu Missverständnissen und dadurch oft zu Misserfolg oder gar zum Scheitern des Geschäftes führen. Das Wissen über die interkulturellen Aspekte im geschäftlichen Umgang miteinander und die Fähigkeit, fremde Kulturen zu verstehen, hilft die Risiken internationaler Aktivitäten zu minimieren. Diese Fähigkeit wird als interkulturelle Kompetenz bezeichnet. Hammer et al. (2003, S. 422) beschreiben eine Person als interkuturell kompetent, die sich für fremde Kulturen interessiert, kulturelle Unterschiede wahrnimmt, sich auf fremdkulturelle Regeln, Normen, Sitten und Gebräuche einstellt und in der Lage ist, eigenes Verhalten als ein Zeichen des Respekts den Menschen aus anderen Kulturen gegenüber zu modifizieren.

Die Praxis zeigt, dass viele Menschen die Anforderung, interkulturell kompetent zu sein, nicht erfüllen und immer noch davon ausgehen, dass die eigene Wahrnehmung der Welt und die eigenen Bewertungsmaßstäbe richtig sind und auch für die Menschen aus anderen Kulturen gelten (Thomas 1996, S. 16). Diese Einstellung beeinflusst auch das Management. Die interkulturelle Dimension der Zusammenarbeit wird zum Teil stark von den Entscheidungsträgern vernachlässigt. Diese haben „mangelnde Sensibilität für die Kulturthematik" und setzen sich zu wenig damit auseinander, was es bedeutet, mit einem Partner mit anderen Werten und Normen, Annahmen und Wahrnehmungen, Einstellungs- und Verhaltensmustern zusammen zu arbeiten (Meyer 2004, S. 121f). Die Ähnlichkeitsannahme gegenüber ausländischen Partnern oder das fehlende Verständnis für fremde Kulturen führen oftmals zu kulturbedingten Managementproblemen. Die Lösung dieser Probleme hat das interkulturelle Management zum Gegenstand. Das interkulturelle Management befasst sich also mit der konkreten Gestaltung von Managementprozessen mit dem Ziel, entsprechende Lösungsvorschläge für effizientes interkulturelles Handeln bereit zu stellen. Die Grundlage für die Lösungsvorschläge können die Ergebnisse der kulturvergleichenden Managementforschung (siehe S. 14) liefern (Perlitz 2000, S. 297f).

4. Verhandlungen

4.1. Begriff

Im Laufe des Lebens finden sich Menschen oft in Situationen wieder, in denen sie bewusst oder unbewusst verhandeln, sei es eine Diskussion mit der Familie über das nächste Urlaubsziel oder Freizeitaktivitäten oder das Aushandeln eines günstigen Preises beim Autokauf. Alle Bereiche des Lebens, ob privat oder geschäftlich, sind von Verhandlungen geprägt. Dabei ist eine Verhandlung nichts anderes, als eine Form, von anderen Personen etwas zu bekommen und ggf. dafür eine Gegenleistung zu erbringen. Eine Verhandlung ist also eine „wechselseitige Kommunikation mit dem Ziel, eine Übereinkunft zu erreichen" (Fisher et al. 2001, S. 15). Pruitt und Carnevale (1993, S. 2) definieren Verhandeln als eine Diskussion zwischen zwei oder mehreren Parteien mit dem Zweck, miteinander unvereinbare Ziele aufzulösen und sehen Verhandlungen als eine Möglichkeit an, mit den sozialen Konflikten umzugehen.

4.2. Verhandlungsebenen

Eine Verhandlung hängt von situativen Faktoren wie Institutionen, Strategien, Taktiken und Personen ab (Wagner/Helm Petersen 1993, S. 268, 270) und setzt sich aus mehreren Bestandteilen zusammen, die nicht alle auf den ersten Blick erkennbar sind. Dies stellt Zeisberg (2001, S. 12) anhand des Modells der drei Ebenen der Verhandlungsführung anschaulich dar. Er vergleicht dieses Modell mit einem Eisberg.

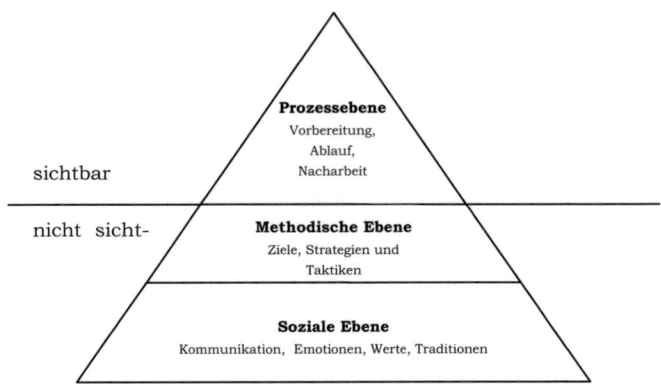

Abb. 1: Ebenen der Verhandlungsführung, in Anlehnung an Zeisberg 2003, S. 12.

Genauso wie bei einem Eisberg nur die Spitze sichtbar ist, ist bei einer Verhandlung nur der Verlauf beobachtbar. Ein Verhandlungspartner erlebt das Verhalten seines Gegenübers, seine Körpersprache, er nimmt seine Worte wahr und erkennt seine offenen Ziele. Das vollzieht sich auf der Prozessebene. Die Methodische Ebene ist für den Verhandlungspartner weniger erkennbar. Er erkennt nicht die verdeckten Ziele, Strategien und Taktiken des anderen. Er kann u. U. erst nach der Verhandlung erkennen, was sein Geschäftspartner angestrebt hat. Absolut verborgen bleibt die Soziale Ebene, d.h. Emotionen und Motivationen des Partners, seine Werte und Normen, Tradition und Kultur (Zeisberg 2003, S. 12 und Daeubner/Hennrich 2001, S. 19f).

Da die Zugehörigkeit der an Verhandlungen beteiligten Personen zu verschiedenen Kulturkreisen auf allen Ebenen zu völlig abweichenden Ausprägungen führt, soll das Augenmerk verstärkt auf kulturelle Unterschiede gerichtet werden. Diese komplizieren eine Verhandlung zusätzlich und erhöhen die Wahrscheinlichkeit, Fehler zu machen (Zeisberg 2003, S. 50f).

4.3. Prozessebene: Verlaufsstruktur einer Verhandlung

In diesem Kapitel wird die Prozessebene der Verhandlungsführung beschrieben. Dabei wird im Detail auf alle Phasen (Vorbereitung, interaktiver Prozess, Abschluss sowie Nacharbeitung und Umsetzung), über die sich eine Verhandlung zwischen Geschäftspartnern erstreckt, eingegangen.

4.3.1. Vorbereitung einer Verhandlung

In der Literatur wird der Vorbereitung einer Verhandlung ein hoher Stellenwert beigemessen. Wagner und Helm Petersen (1993, S. 272f) unterscheiden einen selbstbezogenen, einen fremdbezogenen und einen interaktionsbezogenen Teil der Vorbereitung. Im Hinblick auf den selbstbezogenen Teil der Vorbereitung soll jede Partei als erstes eigene Verhandlungsposition ausarbeiten, d.h. eigene Interessen spezifizieren und diese in konkrete Zielsetzungen umwandeln. Dabei soll die Prioritätenrangfolge der Ziele festgelegt werden. Die Autoren wiesen außerdem explizit auf die Notwendigkeit hin, eine Skala zu entwickeln, auf der der Zielerreichungsgrad gemessen werden kann. Wieterhin soll die eigene Position im Hinblick auf Stärken und Schwächen des Verhandlungsführers und des Verhandlungsteams überprüft werden. Darüber hinaus empfiehlt Adler (2002, S. 223) Überlegungen über die beste Alternative zur möglichen Verhandlungslösung anzustellen, für den Fall, dass keine Lösung gefunden werden kann, die den eigenen Interessen im angemessenen Umfang entspricht.

Neben der Vorbereitung im Bezug auf den Verhandlungsgegenstand selbst ist es wichtig, das Verhandlungsteam richtig auszuwählen und auf eine Verhandlung mit (interkulturellen) Partnern intensiv vorzubereiten. Die Auswahl der Teammitglieder, die Kriterien und Qualifikationen, anhand derer ausgewählt wird, die Entscheidungsbefugnis einzelner Mitglieder und der Einsatz von bestimmten Strategien und Taktiken unterliegen laut Bierbrauer (2002, S. 280) kulturellen Einflüssen und wirken sich auf den Prozess einer Verhandlung und auf deren Erfolg aus. So sind z.B. europäische Manager häufig der Meinung, dass Verhandlungen durch gute Vorbereitung und geschickte Planung zum Erfolg werden. Außerdem sollen Verhandler in der Lage sein, unter Zeitdruck zu handeln, sich schnell auf neue Situationen einzustellen und über gute Produktkenntnisse, Formulierungs- und Darstellungsgabe verfügen. Die wichtigsten Qualitätskriterien eines erfolgreichen europäischen Verhandlers sind demnach rational-intellektueller und kommunikativer Natur. Bei chinesischen Managern stehen eher interpersonale und emotionale Qualifikationen eines Verhandlers im Vordergrund. Sie glauben, dass das Durchhalte- und Durchsetzungsvermögen, die Fähigkeit, Achtung und Vertrauen zu gewinnen und Vermeidung von Überreaktionen und Gefühlsausbrüchen, also Selbstbeherrschung der Schlüssel zu erfolgreichen Verhandlungen ist (Adler 2002, S. 214f und Hartig 1995, S. 82-84). Es ist ebenfalls von Kultur zu Kultur unterschiedlich, in welchem Maße Erfolge oder Misserfolge den Personen zugerechnet werden. Bierbrauer (2002, S. 280) betont daher, dass Verhandlungsteilnehmer vorsichtig mit vorschnellen Urteilen sein sollen und zu berücksichtigen haben, dass das Verhalten nicht nur durch die Eigenschaften einer Person bestimmt wird, sondern auch durch die Rahmenbedingungen einer Verhandlung und durch kulturelle Faktoren.

Im fremdbezogenen Teil der Vorbereitung sollte der ganze Vorbereitungsprozess aus der Perspektive des Verhandlungspartners, also mit seinen Augen betrachten werden. Sowohl Wagner und Helm Petersen (1993, S. 272f) als auch Adler (2002, S. 217) empfehlen, sich die gleichen Fragen im Bezug auf Bedürfnisse, Wünsche, Interessen und Ziele sowie deren Vereinbarkeit mit den eigenen Interessen und Zielen zu stellen und zusätzlich eine Analyse des Zielmarktes für das Produkt bzw. die Dienstleistung und eine Analyse der potentiellen Konkurrenz durchzuführen. Außerdem sollten möglichst viele Informationen über den Verhandlungspartner, seine Produkte, Kunden, Preis- und Marketingstrategien usw. beschaffen werden, um sich besser auf den Geschäftspartner einstellen zu können. Dabei können auch solche Informationen wie die Größe und die Zusammenstellung des Verhandlungsteams des Partners (Alter, Geschlecht, Position, Hierarchieeinhaltung), aber auch, wer von den Teilnehmern des anderen Teams letztendlich befugt ist, eine Entscheidung zu treffen, wichtige Hinweise auf den Verhandlungspartner liefern und helfen, das eigene Verhandlungsteam im Bezug auf die Teilnehmer, deren Geschlecht, Alter und Status richtig zu bestimmen. Dieser Aspekt ist laut Mead (1996, S. 168f) besonders relevant, wenn man sich auf eine Verhandlung mit ausländischen Partnern vorbereitet. In diesem Fall sind Informationen über das Land und die Kultur des Partners unverzichtbar und können ebenfalls viel über die kulturell bedingte Persönlichkeit des Partners aussagen.

Im interaktionsbezogenen Teil der Vorbereitung werden zum einen der Verlauf der Verhandlung und mögliche Reaktionen des Partners auf eigene Argumentation durchgearbeitet und zum anderen die Organisation der Verhandlung vorbereitet. Es muss für die Räumlichkeiten, Technik (Geräte), Sitzordnung, Bewirtung und evtl. für die Unterbringung gesorgt werden (Wagner/Helm Petersen 1993, S. 273). Adler (2002, S. 219f) weist darauf hin, den Zeitrahmen einer Verhandlung, der stark kulturabhängig ist, zumindest grob zu bestimmen und je nach dem, mit welchen Partnern man verhandeln will, genügend Zeit einzuplanen, um Zeitdruck zu vermeiden.

4.3.2. Verhandlungsablauf

Nach der Vorbereitung folgt die eigentliche Verhandlungsphase, bei der sich beide Partner durch eine Abfolge von Aktionen und Reaktionen auf eine Einigung zu bewegen. D.h., es wird eine Position eingenommen und wieder aufgegeben z.B. als eine Reaktion auf Argumentationen des Gegenübers bis eine Lösung gefunden oder die Verhandlung vertagt wird (Wagner/Helm Petersen 1993, S. 272-274). Dieses Verhalten während des Verhandlungsgespräches bezeichnet Hartig (1995, S. 249) als Verhandlungstaktik. Auf dieses Thema wird im Kapitel 4.4.2 näher eingegangen.

In dem Fünf-Phasen Modell greift Hartig (1995, S. 250-278) den eigentlichen Prozess einer Verhandlung auf und versucht, diesen zu strukturieren und näher zu beschreiben. Er unterscheidet fünf verschiedene Phasen: Startphase, Sondierungsphase, Entscheidungsphase, Ergebnisphase und Schlussphase. Diesen fünf Phasen ist die Phase Null, die Vorverhandlungsphase vorgelagert. Sie beinhaltet die organisatorische Vorbereitung einer Verhandlung, die bereits im Punkt 4.3.1 in der Vorbereitungsphase beschrieben wurde.

4.3.2.1. Phase 1: Die Startphase

Die Einstiegsphase dient dazu, eine angenehme und persönliche Verhandlungsatmosphäre zu schaffen. Diese Phase unterteilt Hartig (1995, S. 250-253) in drei Schritte. Zuerst erfolgt die gegenseitige Vorstellung der Verhandlungspartner, Begrüßung, Händeschütteln und Austausch von Visitenkarten. Dann wird die Verhandlungsrunde eröffnet. Beide Seiten unterhalten sich auf verschiedene Themen wie etwa die Anreise, der letzte Urlaub, Wetter, Kunst, Musik, Sport oder das Gastland, die meistens nichts mit der Verhandlungssache selbst zu tun haben. Hier geht es darum, das Eis zu brechen und evtl. gemeinsame Interessen zu entdecken. Auf diese Weise kann eine vertrauensvolle Beziehung zum Verhandlungspartner aufgebaut werden. Positive Äußerungen über den ausländischen Partner und seine Kompetenzen und Wertschätzung ihm gegenüber können laut Mocharova (2000, S. 138) das Verhandlungsklima zusätzlich unterstützen. Im dritten Schritt der Startphase erfolgt die sachliche Eröffnung. Alle Teilnehmer nehmen die für sie am Verhandlungstisch vorgesehenen Plätze ein und kommen zur Tagesordnung (Hartig 1995, S. 253). Der zeitliche Abstand zwischen dem zweiten und dem dritten Schritt, also von dem Beziehungsaufbau bis zum Übergang zum Geschäftlichen hängt von der jeweiligen Kultur ab. So werden westliche Partner eher schnell zur Tagesordnung übergehen, während nicht-westliche Partner tendenziell daran interessiert sind, den Verhandlungspartner näher kennen zu lernen und eine vertrauensvolle Beziehung aufzubauen (Adler 2002, S. 224-226). Vertrauen spielt eine große Rolle in interkultureller Zusammenarbeit. Die Bildung von Vertrauen hängt von vielen Faktoren ab: vom Kooperationsverhalten aller Beteiligten, von der Effektivität und Intensität der Kommunikation und vom gegenseitigen Respekt. Der Vertrauensaufbau wird vor allem durch Kulturunterschiede zwischen den Partnern erschwert, weil Vertrauen in hohem Maße kulturabhängig ist. „Jede Kultur hat ihre eigenen Kriterien für Vertrauenswürdigkeit und es bestehen Unterschiede in dem Zeitpunkt, wann in einer Beziehung...Vertrauen aufgebaut wird." (Meyer 2004, S. 119f). Aus diesem Grund kann die Kennenlernphase unterschiedlich lang sein und auch unterschiedlich von statten gehen. Ob am Verhandlungstisch oder im Restaurant, es gilt ein Klima des Vertrauens zu schaffen, auch wenn sich dies wie in asiatischen Kulturen über Tage hinziehen kann (Gesteland 1999, S. 27-30).

4.3.2.2. Phase 2: Die Sondierungsphase

In dieser Phase geht es laut Hartig (1995, S. 256) darum, die eigene Position möglichst schnell zu bestimmen und sich einen Einblick über die diesbezügliche Einstellung des Verhandlungspartners zu verschaffen. Beide Parteien werden hier versuchen, den Spielraum, der durch die Maximal- und Minimalziele der jeweiligen Partei festgelegt ist, abzustecken. Dabei ist es wichtig, dem Verhandlungspartner möglichst wenig Einblick in den eigenen Verhandlungs- und Konzessionsspielraum und gar keinen Einblick auf die eigenen Minimalziele zu gewähren, um sich nicht gleich im Frühstadium der Verhandlung von der Gegenseite festlegen zu lassen. Zugleich muss der Spielraum des Verhandlungspartners möglichst früh ausgelotet werden und Informationen über deren Maximalforderungen, und was noch wichtiger ist, möglichst viel über seine Minimalziele herauszubekommen. In dieser Phase können bereits Widerstandspunkte identifiziert werden. Durch den Abgleich mit den eigenen Minimalzielen kann so abgeschätzt werden, wie weit man von einer Einigung entfernt ist (Hartig 1995, S. 256-260).

Adler (2002, S. 226) sieht diese Phase für den Austausch von aufgabenorientierten Interessen vor. Beide Parteien sollen ihre Situation und die damit verbundenen Bedürfnisse und Interessen gegenseitig austauschen. Im Gegensatz zu Hartig ist sie der Meinung, dass eine frühe Positionseinnahme nur einen einzigen Lösungsweg zulässt und damit alle weiteren möglichen Wege, Interessen beider Parteien zu befriedigen, einschränkt oder sogar ausschließt. Adler (2002, S. 226) thematisiert darüber hinaus den Einfluss verbaler und nonverbaler Kommunikationsbarrieren auf die Verständigung, die besonders in dieser Phase zu Missverständnissen und Missinterpretationen führen und sich somit negativ auf das Ergebnis auswirken können[5].

4.3.2.3. Phase 3: Die Entscheidungsphase

Hier wird an die Informationen über den Spielraum, Verhandlungseinstellung und -position der Gegenseite, die man während der Sondierungsphase gewonnen hat, angeknüpft und an den Stellen angesetzt, an denen Ansätze für die Verringerung der Interessenkluft und somit für die erstrebte Einigung erkannt wurden. D.h., es werden Gemeinsamkeiten und Differenzen identifiziert und neue Optionen, die überwiegend auf den Differenzen aufbauen, gesucht (Hartig 1995, S. 261). Differenzen, die aufgrund unterschiedlicher Zielprioritäten bestehen, eignen sich nach Adler (2002, S. 227) am besten für eine kreative Lösung.

Das Annähern an den Verhandlungspartner kann unter Einsatz verschiedener Instrumente und Taktiken, die im Kapitel 4.4.2 behandelt werden, geschehen. In diesem Stadium können solche Hilfsmittel wie Vorteilsargumentation, eine Präsentation, deren Wirkung durch Visualisierung zusätzlich verstärkt werden kann, angewandt werden, um die Gegenseite von den Vorteilen des eigenen Angebots zu überzeugen. Hier weist Hartig auf mögliche Einwände der Gegenseite hin und empfiehlt, auf diese einzugehen, bei Bedarf klären und ggf. richtig zu stel-

---

[5] Auf kommunikationsbedingte Probleme wird im Kapitel 4.5.3 eingegangen.

len, wenn es sich um solche Einwände handelt, die auf Missverständnisse oder Unkenntnis der Gegenpartei im Bezug auf bestimmte Konditionen oder technische Leistungsmerkmale von Produkten zurückgehen. Schwieriger sind solche Gegenargumente zu parieren, die auf abweichende Zielvorstellungen zwischen den beiden Verhandlungsparteien zurückgehen. Solche Einwände könnten entschärft oder sogar vorweg genommen werden, indem man den strittigen Punkt z.B. zu hohen Preis durch weitere Vorteile wie etwa Langlebigkeit, Energieeinsparung, Bedienungsfreundlichkeit usw. relativiert (Hartig 1995, S. 261-264).

Neben der Überzeugungsarbeit gehört nach Hartig (1995, S. 265) auch das Aushandeln oder Feilschen um Konzessionen zu einer Taktik des Aufeinanderzugehens der Parteien, bis eine Übereinkunft erreicht wird. Einige Verhandler wie etwa Amerikaner gehen dabei eher strukturiert vor. Sie besprechen einen Punkt nach dem anderen und machen dementsprechend ihre Konzessionen nach jedem Abschnitt. Andere Kulturen (z.B. Asien) ziehen es vor, zuerst alle Punkte auszudiskutieren und erst dann Konzessionen zu machen (Adler 2002, S. 227).

Wenn es trotz des Einsatzes von genannten Taktiken nicht gelungen ist, den Partner zu überzeugen und seine Vorbehalte, Bedenken und Fragen auszuräumen, dann besteht für Hartig (1995, S. 268) die Notwendigkeit, noch einmal nachzusetzen und weitere Referenzen, Begründungen, Beweise, Materialproben, Vorzeigeprojekte usw. vorzustellen, um den Partner doch noch zu überzeugen.

Die Entscheidungsphase charakterisiert Hartig (1995, S. 261) als den Kern einer Verhandlung, bei dem sich auch zeigt, ob eine Verhandlung vertagt bzw. abgebrochen wird oder zu einem erfolgreichen Abschluss geführt werden kann.

4.3.2.4. Phase 4: Die Ergebnisphase

Das Ergebnis einer Verhandlung hängt nach Bierbrauer (2002, S. 286) von den beteiligten Personen, angewandten Strategien und Taktiken, kulturellen Besonderheiten und Traditionen ab. In dieser Phase soll der Konsens zwischen den Partnern verstärkt und ein für beide Parteien akzeptabler Abschluss festgelegt werden. Zu diesem Zweck können alle Übereinkünfte und die damit verbundenen Vorteile noch einmal zusammengefasst werden, um zu überprüfen, ob immer noch Einigkeit besteht. Ist das der Fall, so werden die Verträge unterschrieben. Ergeben sich Unstimmigkeiten oder gar Widersprüche, so werden diese ebenfalls festgehalten und entweder eine Vertagung vereinbart, wenn diese Widersprüche nicht so gravieren sind und eine Einigung in Sicht ist oder es wird der Abbruch der Verhandlungen konstatiert, wenn zwischen den Parteien eine völlige Uneinigkeit besteht und keine Annäherung in Sicht ist (Hartig 1995, S. 276f). Auch der Abschluss wird von kulturellen Besonderheiten beeinflusst. In westlichen Kulturen wird großer Wert auf ein vertragliches Regelwerk mit genau festgelegten Pflichten beider Parteien gelegt. In nicht-westlichen Kulturen spielen eher mündliche Vereinbarungen eine große Rolle (Bierbrauer 2002, S. 286).

4.3.2.5. Phase 5: Die Schlussphase

Sind die Verträge unterschrieben oder die Ergebnisse je nach kulturellen Gegebenheiten auf eine andere Weise festgelegt worden, so empfiehlt Hartig (1995, S. 278), dass beide Verhandlungsleiter das Abschlusswort ergreifen und sowohl der Gegenseite als auch dem eigenen Team Dank und Anerkennung für die geleistete Arbeit aussprechen und zum Abschluss auf eine gute zukünftige Zusammenarbeit anstoßen. Im Falle des Abbruchs einer Verhandlung sollten versöhnliche Worte ausgesprochen und somit Offenheit für eventuelle weitere Verhandlungen signalisiert werden.

4.3.3. Abschluss

Wie bereits in der Ergebnisphase des Fünf-Phasen-Modells nach Hartig beschrieben, werden in der Abschlussphase die Ergebnisse der Verhandlung zusammengefasst und schriftlich festgehalten bzw. eine Vertagung vereinbart oder es wird der Abbruch einer Verhandlung vorgenommen (Wagner/Helm Petersen 1993, S. 274). Diese Phase ist ein wichtiger Punkt, da beim gemeinsamen Resümee bis dahin verborgen gebliebene Missverständnisse auftauchen und den erfolgreichen Abschluss kurz vom Ziel gefährden könnten (Zeisberg 2003, S. 46).

4.3.4. Nachbereitung und Umsetzung

Erst mit der Nachbereitung und Umsetzung der Verhandlungsergebnisse sieht Zeisberg (2003, S. 47) eine Verhandlung als beendet an. Eine schnelle und konsequente Realisierung der Vereinbarungen durch beide Parteien gehört für ihn zu einer erfolgreichen Verhandlung dazu und dient zur Stärkung der Beziehung und des Vertrauens zwischen den Verhandlungspartnern. Dies kann sich auch positiv auf die weitere Zusammenarbeit und zukünftige Verhandlungen auswirken. Vorteile für den Verlauf weiterer Verhandlungen bringt nach Zeisberg eine kritische Analyse der eigenen Leistung und Identifikation von möglichen Fehlern.

4.4. Methodische Ebene: Verhandlungsstrategien und Verhandlungstaktiken

4.4.1. Verhandlungsstrategien

Im Zuge der Vorbereitung soll jeder Verhandlungspartner eine Strategie, d.h. eine Methodik wie angestrebte Ziele erreicht werden sollen, ausarbeiten. Dies beinhaltet laut Bierbrauer (2002, S. 282f) Überlegungen darüber, wie Einigungen erzielt werden, welches Konzessionsverhalten gewählt wird, welche Anfangsangebote gemacht werden, welche Alternativen es zu einer Verhandlungslösung gibt usw.

In den folgenden Abschnitten werden zunächst die grundlegenden Strategien von Pruitt und Carnevale, das integrative Verhandeln nach Pruitt und das Harvard-Konzept vorgestellt. Während das „dual concern" Modell von Pruitt und Carnevale mögliche Verhandlungsstrategien aufzeigt, stellen die beiden anderen Theorien einen Bezug zur Praxis her und geben konkrete Empfehlungen, wie man bei einer Verhandlung zu optimalen Ergebnissen für alle Beteiligten gelangen kann. Die beiden ersten Ansätze, das „dual concern" Modell und das integrative Verhandeln, gehören zur verhaltensorientierten Forschungstradition, die Auswirkungen der Umweltbedingungen auf das Verhalten eines Verhandlungsführers und die Auswirkungen der Bedingungen und des Verhaltens der Verhandlungsführer auf die Ergebnisse einer Verhandlung untersucht (Pruitt/Carnevale 1993, S. 7). Sie greift möglichst viele verschiedene Aspekte von Verhandlungen auf und berücksichtigt im Gegensatz zu anderen Traditionen[6] nicht nur Strategien, sondern auch solche Faktoren wie Persönlichkeit der Ver-

---

[6] Neben der verhaltensorientierten Forschungstradition unterscheiden Pruitt und Carnevale (1993, S. 7) zwei weitere Haupttraditionen. Zu der ersten Tradition gehören anwendungsorientierte Ansätze (siehe oben). Die zweite Richtung wurde von Volkswirtschaftlern und Spieltheoretikern entwickelt und baut auf mathematischen Modellen des rationalen Verhaltens auf. Diese Modelle sind allerdings auf eine begrenzte Anzahl von Strategien und Taktiken beschränkt und sind nur zur Erreichung partieller Vereinbarungen geeignet (Pruitt/Carnevale 1993, S. 7).

handlungsführer und deren soziale und kulturelle Hintergründe. Der Einfluss dieser Faktoren auf die Strategie und den Verlauf sowie auf die Ergebnisse einer Verhandlung wird ebenfalls in die Betrachtung miteinbezogen (Wagner/Helm Petersen 1993, S. 265, 270). Das Harvard-Konzept wird von Wagner und Helm Petersen (1993, S. 264f) eher den populärwissenschaftlichen Ansätzen, die strikt anwendungsorientiert sind, zugeordnet. Als extreme Beispiele für solche Darstellungen nennen die Autoren zahlreiche Handbücher in Form von „Verhandlungsknigges", in denen Ratschläge und Empfehlungen gegeben werden, wie man sich in einer Verhandlung verhalten sollte.

4.4.1.1. Das „dual concern" Modell

In Anlehnung an die Theorie der Unterschiede im Konfliktstil der Individuen nach Thomas (1976) haben Pruitt und Carnevale (1993, S. 104-108) fünf grundlegende Strategien in Abhängigkeit davon, ob dabei eher eigene Interessen durchsetzt oder die Interessen der anderen Partei berücksichtigt werden, abgeleitet. Auf der X-Achse wird der Grad der Durchsetzung eigener Interessen von schwach bis stark und auf der Y-Achse das Verhalten gegenüber der anderen Seite von unkooperativ bis kooperativ abgebildet. Entsprechend dieser Graphik ergeben sich fünf unterschiedliche Verhaltensmuster.

Die erste Möglichkeit ist der Machteinsatz. Verhandler, die diesen Weg wählen, setzen die eigenen Interessen durch, ohne die der anderen Partei zu berücksichtigen. Der völlige Gegensatz zum Machteinsatz stellt die Anpassung dar. Der Verhandlungspartner mit diesem Stil ist sehr auf eine harmonische Beziehung zum Partner bedacht. Er ist bereit, sich unterzuordnen und die eigenen Interessen weit hinter die Interessen des Partners zu stellen.

Die nächste Variante ist die Vermeidung. Es werden weder eigene Interessen durchgesetzt noch die Interessen der Gegenpartei berücksichtigt. Verhandlungsparteien, die sich an diese Vorgehensweise halten, versuchten jeglichen Konflikten und Problemen aus dem Weg zu gehen und hoffen, dass sich alles von alleine regelt, auch wenn dadurch das eigene ohnehin niedrige Anspruchsniveau noch mehr gesenkt wird.

Die Zusammenarbeit bzw. Problemlösung ist die anstrebenswerteste Alternative zu anderen Verhandlungsstrategien. Hier wollen beide Parteien sowohl für sich als auch für die Gegenpartei ein gutes Ergebnis erzielen. Dafür sind auch beide Seiten bereit, miteinander zu diskutieren, Interessen und Prioritäten offen zu legen, gemeinsam nach neuen Alternativen zu suchen und diese im Hinblick auf gemeinsames Wohl zu bewerten, bis eine win-win Situation erreicht wird.

Eine Problemlösung kann auf zwei unterschiedlichen Wegen erreicht werden. Man kann ein Kompromiss schließen oder nach einer integrativen Lösung suchen (Rubin et al. 1994, S. 168f). Bei einer Kompromisslösung müssen beide Parteien nachgeben, auf einen Teil der eigenen Ziele verzichten, einlenken und so lange feilschen, bis eine für beide Seiten brauchbare Lösung gefunden wird.

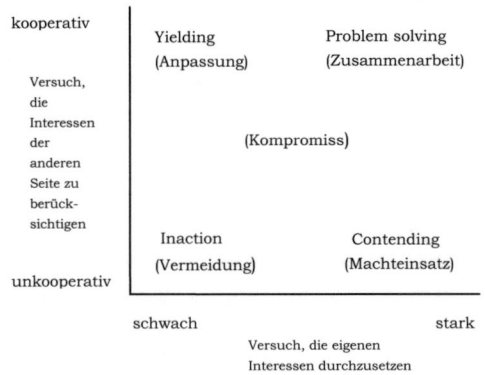

Abb. 2: The dual concern model, in Anlehnung an Pruitt/Carnevale 1993, S. 105.

Bei keiner Verhandlungsstrategie außer Problemlösung wird für eine der beiden Parteien eine optimale Lösung gefunden. Bei den ersten drei Vorgehensweisen gewinnt immer nur eine Partei, sei es aktiv bei der Durchsetzung der eigenen Interessen oder passiv durch den Rückzug oder Unterordnung seitens der anderen Partei. Auch wenn diese Partei scheinbar alle gesetzten Ziele erreicht, so verspielt sie auf Dauer gesehen eine Chance auf eine langfristige Partnerschaft, da sich die kurzfristigen Erfolge auf zukünftige Geschäftsbeziehungen negativ auswirken können.

Der Kompromiss erweist sich auf den ersten Blick als ein Mittelweg, auf dem beide Parteien eine Einigung und ein akzeptables Ergebnis erzielen können. Der Kuchen wird gerecht aufgeteilt. Trotz der scheinbar gerechten Lösung erreicht keine der Parteien das gewünschte Ergebnis. Dies scheint nur dann möglich zu sein, wenn beide Verhandlungsparteien eigene Prioritäten und Interessen transparent machen und gemeinsam nach Alternativen suchen, bei denen der Kuchen vergrößert und nicht nur aufgeteilt wird. Diese Verhandlungsstrategie wird von Pruitt und Carnevale (1993, S. 16) als integrative Einigung bezeichnet. Im nächsten Kapitel wird näher auf diese Art der Problemlösung eingegangen.

4.4.1.2. Integratives Verhandeln

Nach Pruitt (1981, S. 137) handelt es sich um das integrative Verhandeln, wenn zwischen beiden Parteien eine Einigung erzielt wird, die Interessen beider Seiten in Einklang bringt und dadurch zu einem größtmöglichen optimalen Ergebnis für beide Beteiligten führt. So bietet eine integrative Verhandlungslösung einen höheren Nutzen und größere Vorteile gegenüber einer Kompromisslösung (Pruitt/Carnevale 1993, S. 16f). Allerdings kann eine integrative Lösung nur dann erreicht werden, wenn beide Parteien bereit sind, offen über ihre Interessen und Prioritäten zu sprechen und gemeinsam nach möglichen Alternativen zu suchen (Rubin et al. 1994, S. 169). Zu den Vorteilen des integrativen Verhandelns zählt nicht nur ein optimales Ergebnis für beide Parteien, sondern auch der Aufbau einer guten und dauerhaften Beziehung (Pruitt/Carnevale 1993, S. 16f).

Es gibt mehrere Wege, die zu einer integrativen Einigung führen können: Kuchenvergrößerung, unbestimmte Kompensation und Logrolling. Kuchenvergrößerung als eine Problemlösung ist dann möglich, wenn eine Partei den Vorschlag einer anderen Partei akzeptabel findet, diesen aber wegen des Mangels an einer Ressource ablehnen muss. In diesem Fall können beide Parteien versuchen, alle verfügbaren Ressourcen zu vergrößern, so dass jeder der Beteiligten das gewünschte Ergebnis erreicht (Pruitt/Carnevale 1993, S. 16f). Ist aber eine Ressourcenerweiterung nicht möglich oder ist diese zu kostspielig, so wird es nicht möglich sein, auf diese Weise eine Einigung zu finden. Vorteil dieser Lösung ist, dass beide Parteien nur wenige Informationen über einander brauchen. Es reicht aus, wenn die Forderungen der Gegenpartei bekannt sind (Rubin et al. 1994, S. 174).

Die nächste Möglichkeit, eine optimale Lösung zu erreichen, ist das Austauschen von Konzessionen (Zugeständnissen). Jede der Verhandlungsparteien hat Interessen mit unterschiedlich hoher Priorität. So können eigene Interessen mit niedriger Priorität einen hohen Stellenwert für den Verhandlungspartner haben. Indem man den Partner nach seinen Interessen fragt, ermittelt man, was für ihn besonders wichtig ist oder man gibt selbst Informationen über die eigenen Prioritäten preis. Nach diesem Prozess der Offenlegung von Informationen kann z.B. eine Partei auf die eigenen Interessen mit geringer Priorität zum Vorteil der Gegenseite, für die gerade diese Interessen vorrangig sind, verzichten und im Gegenzug Zugeständnisse im Bezug auf die für diese Partei wichtigen Ziele erzielen. Das Austauschen von Konzessionen beinhaltet zwei Möglichkeiten: Logrolling und Kompensation.

Wenn die Verhandlungsparteien bei ihren Vorbereitungen Interessen mit geringer Priorität, auf die sie bei Notwendigkeit verzichten können, in die Verhandlungsagenda aufnehmen, so bezeichnen Pruitt und Carnevale (1993, S. 16f) in diesem Fall die Einigung als ein Logrolling-Abschluss. Logrolling ist aber nur dann möglich, wenn mehrere Punkte zur Debatte stehen und beide Parteien diesen Punkten unterschiedliche Prioritäten beimessen (Rubin et al. 1994, S. 176). Um einen solchen Abschluss erreichen zu können, muss jede Partei vor Beginn der Verhandlung für sich klären, welche Interessen von hoher und geringer Priorität für sie selbst sind. Nach Möglichkeit soll jede Partei ermitteln, welche Interessen für die Gegenpartei von hoher und geringer Priorität sind und ob es solche Interessen gibt, die für einen selbst hohen Stellenwert haben aber nicht für die Gegenpartei (Pruitt/Carnevale 1993, S. 16f). Es ist allerdings nicht einfach, an Informationen über die Prioritäten der Gegenpartei heranzukommen, weil solche Informationen geheim gehalten werden, zum einen aus Angst, von der Gegenpartei zu einem Zugeständnis gezwungen zu werden, ohne selbst dafür etwas zu bekommen. Zum anderen können eigene Interessen mit hoher Priorität verworfen werden in der Annahme, dass diese ebenfalls von hoher Priorität für die Gegenpartei sind (Rubin et al. 1994, S. 177). Wenn eine der Zugeständnisse, die während einer Verhandlung zu Gunsten der Gegenpartei getätigt wurde, nicht von Anfang an geplant war, so wird diese Art von Einigung als unbestimmte bzw. neutrale Kompensation (nonspecific compensation) bezeichnet. Dabei gibt eine Partei seine Interessen oder einen Teil der Interessen völlig auf und wird dafür kompensiert. In diesem Fall macht nur eine Partei Zugeständnisse, erhält aber dafür eine Kompensation, die nichts mit dem Verhandlungsgegenstand zu tun hat. Um solch ein Zugeständnis erreichen zu können, muss im Vorfeld erkundet werden, welche Kompensation die Gegenpartei dazu bringen könnte, auf die Erreichung eigener Ziele zu verzichten (Pruitt/Carnevale 1993, S. 36-41).

Im Gegensatz zur Kuchenvergrößerung brauchen die Verhandlungsparteien sowohl bei Logrolling als auch bei Kompensation Informationen über den Verhandlungspartner und seine Interessen. Am ehesten erfahren beide Parteien mehr voneinander, wenn sich beide sympathisch sind. Je mehr man voneinander erfährt, desto mehr kann man sich in die Situation des Partners versetzen und nachvollziehen, was dieser braucht. Eine feindselige Einstellung gegenüber dem Partner ist bei der Erlangung wichtiger Informationen eher hinderlich und kann zur Bildung von Stereotypen führen, was sich negativ auf die Beziehung zwischen den Verhandlungspartnern auswirken kann und damit einer erfolgreichen Einigung im Weg steht. Aktives Zuhören, Fragen stellen, Rückmeldungen geben und sich zu vergewissern, ob man selbst alles richtig verstanden hat, sind weitere Wege, die Pruitt und Carnevale (1993, S. 41-43) nennen, um an wichtige Informationen heranzukommen.

4.4.1.3. Das Harvard-Konzept

Fisher et al. (2001, S. 15-139) unterscheiden zwei Stilarten einer Verhandlung: den weichen und den harten Stil. Der weiche Verhandlungsstil kann verglichen werden mit der Anpassung im „dual concern" Modell von Pruitt und Carnevale. Im Vordergrund stehen hier der Aufbau einer Beziehung und ein harmonischer und freundlicher Umgang miteinander. Das vorrangige Ziel einer weich verhandelnden Partei ist die Einigung mit der Gegenseite, auch wenn es bedeutet, dass man selbst leicht ausgebeutet wird. Für eine Partei mit hartem Verhandlungsstil, der dem Machteinsatz des „dual concern" Modells entspricht, steht der Sieg an erster Stelle. Zwar wird diese Partei von ihrer harten Linie profitieren, aber unter dem Gesichtspunkt einer erfolgreichen Verhandlung mit einer für beide Parteien akzeptablen Lösung kann keine vernünftige Einigung erzielt werden.

Alle anderen Verhandlungsarten bewegen sich zwischen hart und weich und versuchen die Beziehung zum Verhandlungspartner nicht zu gefährden und gleichzeitig eigene Ziele zu erreichen, also einen Kompromiss zwischen hart und weich zu finden. Diese Verhandlungsarten wurden bereits im „dual concern" Modell dargestellt. Fisher et al. schlagen einen anderen Weg vor, der sowohl weich als auch hart miteinander verbindet und ihrer Meinung nach für jede Art der Verhandlungen geeignet ist. Aus diesem Grund wurde an der Harvard University eine alternative Verhandlungsmethode „sachbezogenes Verhandeln" entwickelt, die dafür sorgen soll, dass ein Ausgleich der Interessen beider Verhandlungspartner erreicht wird. Die Methode des sachgerechten Verhandelns beruht auf vier Grundsätzen: Menschen und Probleme nicht miteinander vermengen; die Interessen sind wichtig, nicht die Positionen; vor einer Entscheidung möglichst viele Alternativen entwickeln und berücksichtigen und objektive Kriterien zur Qualitätsmessung des Verhandlungsergebnisses definieren.

Der erste Grundsatz besagt, dass Verhandler einerseits eine gute Beziehung zum Partner pflegen und andererseits ihre sachlichen Interessen und Ziele realisieren sollen, allerdings unter der strikten Trennung der Beziehungsebene von der Sachebene. Beide Parteien müssen sich dessen bewusst sein, dass sie mit Menschen unterschiedlicher Natur verhandeln, insbesondere wenn der Verhandlungspartner aus einer anderen Kultur stammt und andere Sichtweisen, Wertesysteme und Weltanschauungen hat, die sich möglicherweise ganz stark von den eigenen unterscheiden, trotzdem aber nicht falsch sind. Um Missverständnisse und Vorurteile zu vermeiden, müssen sich beide Parteien mit Respekt beggnen, sich aussprechen lassen, zuhören, versuchen, den Standpunkt des anderen zu verstehen und sich nicht von Emotionen leiten zu lassen. Emotionen sind durchaus erlaubt, sie können auch hilfreich für eine Verhandlung sein, wenn man eigene Emotionen dem Gegenüber mitteilt und seinerseits versucht, die Emotionen des anderen nachzuvollziehen. Dadurch wird das gegenseitige Verständnis erhöht. Erst, wenn die Emotionen abgekühlt sind, sollten beide Parteien nach einer Problemlösung suchen und dabei sachlich bleiben, unabhängig davon, wie sie persönlich zueinander stehen. Beide Seiten sollen vermeiden, die Gegenpartei direkt mit dem Problem in Verbindung zu bringen oder sich persönlich angegriffen zu fühlen. Nur so können sie eine gemeinsame Lösung erarbeiten und ihre Beziehung stärken, um auch in der Zukunft davon zu profitieren.

Der zweite Grundsatz (die Interessen sind wichtig, nicht die Positionen) versucht zu vermeiden, dass beide Parteien Positionen einnehmmen und u. U. sich selbst darin fangen, so dass ein Aufeinanderzugehen immer schwieriger wird. Je mehr man sich auf Positionen versteift, umso schwieriger wird es dann die wirklichen Probleme, die sich dahinter verbergen, zu klären und ein für beide Parteien vernünftiges Ergebnis zu erreichen. Es geht also nicht darum, eigene Standpunkte klar zu definieren und darauf zu bestehen sondern darum, die dahinter liegenden Wünsche, Ängste, Bedürfnisse und Interessen darzulegen und gemeinschaftlich zu einer Übereinstimmung zu bringen. Auf diese Weise können Interessen meistens durch mehrere Positionen befriedigt werden, denn trotz gegensätzlicher Positionen gibt es auch gemeinsame Interessen bzw. solche Interessen, die einander ergänzen.

Der dritte Grundsatz warnt davor, nach der einen richtigen Lösung zu suchen und sich für die erst beste zu entscheiden. Bevor eine Entscheidung getroffen wird, sollten sich beide Parteien Gedanken über alle Wahlmöglichkeiten machen, die aussichtsreichsten Lösungsansätze herausfiltern und diese noch weiter verbessern, bis eine Lösung zustande kommt, die den gemeinsamen Interessen dienlich und für alle vorteilhaft ist.

Der vierte Grundsatz besteht darin, neutrale, d.h. vom beidseitigen Willen unabhängige und objektive Beurteilungskriterien zu entwickeln und eine Entscheidung auf der Basis dieser Kriterien zu treffen. Solche Kriterien können z.B. Wiederbeschaffungspreis, Marktwert, Konkurrenzangebote, moralische Kriterien, Tradition usw. sein. Allerdings müssen beide Parteien diese Kriterien und Prinzipien akzeptieren und befolgen. Diese Vorgehensweise würde vermeiden, dass sich eine der Verhandlungsparteien dem Willen der anderen beugen muss und sich ungerecht behandelt fühlt.

Alle vier Grundsätze des sachbezogenen Verhandelns sollen dazu beitragen, eine Verhandlung auf eine gütliche Weise zu einem vernünftigen Abschluss zu bringen, bei dem beide Verhandlungsparteien sich nicht benachteiligt fühlen und einer dauerhaften Beziehung nichts im Wege steht.

4.4.2. Verhandlungstaktiken

Die Ausarbeitung einer Verhandlungsstrategie beinhaltet auch die Einsatzplanung von Instrumenten und Taktiken (Hartig 1995, S. 249). Zeisberg (2003, S. 31) bezeichnet Taktiken als einzelne Komponenten innerhalb eines Gesamtkonzeptes. Er sieht also eine Strategie als die Planung und Vorbereitung einer Verhandlung und eine Taktik als das geschickte und planvolle Vorgehen, welches in jeder Phase einer Verhandlung eingesetzt werden kann. Beides, Strategien und Taktiken müssen aufeinander abgestimmt werden, um einen erfolgreichen Abschluss zu erreichen. Entscheidend ist nach Zeisberg (2003, S. 31), dass ein Verhandler verschiedene Taktiken anwendet und somit in der Lage ist, flexibel auf den Verlauf einer Verhandlung zu reagieren.

Einige Taktiken wurden bereits in vorangegangenen Kapiteln beschrieben. Damit wurde aber die breite Palette an Möglichkeiten nicht annähernd ausgeschöpft. In diesem Kapitel sollen noch weitere Taktiken und Instrumente vorgestellt werden. Adler (2002, S. 232-241) unterscheidet zwischen verbalen und nonverbalen Taktiken, dessen Einsatz stark in Abhängigkeit von kulturellen Einflüssen variiert.

4.4.2.1. Verbale Taktiken

Vorteilspräsentation baut darauf auf, dem Verhandlungspartner möglichst effektiv und wirkungsvoll die Vorteile sachlicher oder emotionaler Natur, die mit der Annahme des Angebots oder Abgabe von Zugeständnissen verbunden sind, zu präsentieren, wie z.B. Konkurrenzlosigkeit der Produkte, deren Preisgünstigkeit, Leistungsfähigkeit, technischen Stand usw.(Hartig 1995, S. 66).

Sachargumentation basiert auf harten Fakten, überprüfbaren Zahlen, Beweismitteln, Statistiken und begründeten Vorschlägen und erfordert eine sorgfältige Vorbereitung und Nachprüfung (Hartig 1995, S. 66).

Emotionale Argumentation ist eine Beschreibung dessen, was ein Verhandler in einer bestimmten Situation fühlt und wie dieses Gefühl eine Entscheidung u. U. beeinflussen kann (Adler 2002, S. 238). Diese Taktik kann auch absolut falsch sein in einer Kultur, die Emotionen als ein zulässiges Verhandlungsinstrument ablehnt und missbilligt (Mead 1996, S. 201).

Abwarten/Aussitzen ist eine Zermürbungstaktik, die darauf abzielt, Zeit zu gewinnen, um entweder sich selbst eine Pause zu verschaffen oder die Gegenpartei unter Zeitdruck zu setzen und so auf mehr Konzessionen zu spekulieren (Daeubner/Hennrich 2001, S. 30).

Nein-Taktik ist eine Blockadehaltung, die alle vorgebrachten Argumente kategorisch ablehnt (Baumgart/Jänecke 2000, S. 112f).

Strafe/Benachteiligung: Dem Verhandlungspartner werden konkrete Nachteile in Aussicht gestellt, wie z.B. die Zusammenarbeit mit der Konkurrenz (Hartig 1995, S. 60).

Belohnung/Versprechen ergibt sich im Umkehrschluss zu Strafe/Benachteiligung. Dem Verhandlungspartner werden Vorteile der Zusammenarbeit vor Augen geführt oder bestimmte Belohnung versprochen.

Drohungen können in einer Verhandlung erfolgreich sein und werden oft eingesetzt, um Macht zu demonstrieren. Es kann aber auch der gegensätzliche Effekt erzielt werden, der zu Behinderung konstruktiver Problemlösungen führt. Diese Taktik kann eingesetzt werden, wenn Verhandlungen stocken, um eine Entscheidung oder das Scheitern einer Verhandlung herbeizuführen. Man muss allerdings im Falle des Scheiterns auch bereit sein, die Konsequenzen zu tragen (Zeisberg 2003, S. 34f und Mead 1996, S. 200).

Fragetechniken werden vor allem eingesetzt, um gewünschte Informationen dem Verhandlungspartner zu entlocken. Diese Informationen werden benötigt, um die Position des Partners hinreichend zu präzisieren und einen Vergleich zwischen den eigenen Vorstellungen im Bezug auf bestimmte Punkte und denen des Partners zu ermöglichen (Lukaschuk 2002, S. 86).

Gegenseitige Hilfe funktioniert nach dem Prinzip „Hilfst du mir, so helfe ich dir!" und ist weit verbreitet im östlichen Mitteleuropa. Das liegt daran, dass dieses Prinzip zu den Werten und Normen des dortigen Weltbildes gehört. Die gegenseitige Hilfe wird automatisch erwartet und kommt ebenfalls von alleine. Diese Taktik greift sowohl auf der geschäftlichen als auch auf der privaten Ebenen (Mochtarova 2002, S. 158).

Nutzung von Hierarchien ist eine Taktik, bei der auf die Notwendigkeit, eine Genehmigung bei einer höheren, befugten Stelle einzuholen, verwiesen wird. Sie wird angewandt, um Zeit zu gewinnen oder die Gegenseite zu verunsichern (Daeubner/Hennrich 2001, S. 29).

Selbstdarstellung: man nutzt weitgehend das Image und das (internationale) Ansehen des Unternehmens, ohne dabei auf die Produkte bzw. Dienstleistungen näher einzugehen. Dafür können auch Referenzen von weiteren bekannten Unternehmen, mit denen man bereits zusammen gearbeitet hat, von Vorteil sein.

4.4.2.2. Nonverbale Taktiken

Schweigeperioden können als Taktik genutzt werden, um über das Angebot und weitere Vorgehensweise nachzudenken oder ungeduldige Verhandlungspartner unter Druck zu setzen, um schnellere Entscheidungen bzw. Konzessionen herbeizuführen (Zeisberg 2003, S. 34). Einige Kulturen interpretieren das Schweigen als Ablehnung und reagieren oft mit unnötigen Konzessionen darauf (Adler 2002, S. 239 und Mead 1996, S. 199).

Unterbrechungen werden auf Initiative einer der Parteien eingeräumt und sind besonders dann wichtig, wenn Verhandlungen in eine Sackgasse geraten. Auf diese Weise kann vermieden werden, dass eine Diskussion eskaliert oder dass sich beide Parteien auf ihren Positionen verharren, von denen sie dann nur schwer Abstand nehmen können. Die Zeit der Unterbrechung kann genutzt werden, um sich außerhalb der Verhandlungsräume bis dahin erreichte Ergebnisse vor Augen zu führen und weitere Vorgehensweise mit dem Team abzusprechen (Lukaschuk 2002, S. 87-89).

Ins Gesicht schauen: Augenkontakt ist die häufigste Form, dem Gegenüber direkt ins Gesicht zu schauen. Dies wird als der Grad der Distanz bzw. der Intimität innerhalb einer Beziehung interpretiert. Je mehr Augenkontakt, desto vertrauter die Beziehung. Diese Taktik kann genutzt werden, um dem Partner Vertrautheit zu signalisieren. Allerdings können Menschen aus solchen Kulturen, in denen selten direkt ins Gesicht geschaut wird, dadurch irritiert werden (Adler 2002, S. 240).

Schweigeperioden und Blickkontakt können gezielt als Taktik eingesetzt werden oder auch genauso wie gesamte Körperhaltung, Stimmlautstärke usw. stark kulturabhängig sein und eher unbewusst ablaufen. Dieser Aspekt wird im nächsten Kapitel behandelt.

4.5. Soziale Ebene: Auswirkungen unterschiedlicher Wertesysteme

4.5.1. Abschluss- versus beziehungsorientierte Geschäftskulturen

Der Geschäftserfolg und auch der Verhandlungserfolg werden beeinflusst von den grundlegenden kulturellen Unterschieden im Bezug auf die Abschluss- bzw. Beziehungsorientierung. Für die abschlussorientierten Kulturen stehen die Erfüllung der eigentlichen Aufgabe und die Erreichung von Zielen im Vordergrund. Gefühle werden eher als ein Störfaktor betrachtet. Zu dieser Gruppe gehören z.B. Nordeuropäer,

Amerikaner, Australier, Skandinavier und Deutsche. Die beziehungsorientierten Kulturen aus dem asiatischen, arabischen, afrikanischen oder lateinamerikanischen Raum betrachten ein Geschäft in erster Linie als eine menschliche Angelegenheit und sind an den Menschen und an harmonischen und guten Beziehungen zu ihnen interessiert. Für diese Kulturen ist außerdem eine dauerhafte Beziehung zum Partner sehr wichtig. Diese persönlichen und langfristigen Aspekte führen dazu, dass Personen aus beziehungsorientierten Kulturen während der gesamten geschäftlichen Beziehung einen bestimmten Ansprechpartner bevorzugen, der die gemeinsame Korrespondenz erledigt und in Problemfällen erreichbar ist. Für sie ist ebenfalls wichtig, den Kontakt nicht nur telefonisch oder per e-Mail zu halten, sondern von Angesicht zu Angesicht, besonders wenn es sich um Probleme handelt. Es gibt noch eine Zwischengruppe, zu der Süd- und Osteuropäer gehören. Sie tendieren zu einer „zurückhaltenden abschlussorientierten Haltung" (Gesteland 1999, S. 17f).

4.5.2. Formelle versus informelle Geschäftskulturen: Hierarchien, Status und Respekt

Auch der unterschiedliche Umgang mit Hierarchien und Status können zum Problem am Verhandlungstisch werden und dazu führen, dass Verhandlungen fehlschlagen. Verhandlungspartner aus formellen Kulturen wie der größte Teil Asiens und Teile Europas, bewegen sich in einer stark hierarchisch gegliederten Welt, die von Macht und Statusunterschieden (Position, Alter, Geschlecht, aber auch Herkunft, Bildung und gesellschaftliche Verbindungen) geprägt ist. In solchen Kulturen, auch in Deutschland, ist es eher üblich, offizielle korrekte Anreden und (akademische) Titel zu verwenden und auch während einer langen Zusammenarbeit nicht darauf zu verzichten. Chinesische Verhandler verteilen beispielsweise gleich zu Beginn einer Verhandlung ihre Visitenkarten, um ihre Position innerhalb des Unternehmens deutlich zu machen. Australien und Amerika gehören dagegen zu den informellsten Kulturen, die egalitäre Strukturen schätzen.

Treffen Verhandlungspartner aus formellen und informellen Kultur aufeinander, so kann es schnell dazu führen, dass die Vertreter hierarchischer Kultur sich beleidigt oder nicht genug gewürdigt und respektiert fühlen wegen der saloppen Art der Verhandlungspartner aus einer informellen Kultur. Diese hingegen empfinden das förmliche Verhalten als distanziert und sogar arrogant.

Nur wenn internationale Geschäftsleute wissen, ob sie mit hierarchischen oder egalitären Kulturen zu tun haben und sich alle Seiten dessen bewusst sind, dass unterschiedliches Auftreten mit kulturellen Wertordnungen zusammenhängt und nicht mit persönlichen Eigenheiten, können Missverständnisse vermieden werden (Gesteland 1999, S. 43-54 und Bierbrauer 2002, S. 282).

Formelle Kulturen	Gemäßigt informelle Kulturen	Sehr informelle Kulturen
Der größte Teil Asiens und Europas, Mittelmeerraum, arabische Länder, Lateinamerika	Kanada, Neuseeland, Dänemark, Norwegen	Australien, USA

Tabelle 2: Formelle versus informelle Kulturen, Gesteland 1999, S. 45.

Die Unterschiede im Bezug auf Hierarchien und Status beeinflussen auch die Zusammenstellung eines Verhandlungsteams. In egalitären Kulturen werden oft einige wenige junge Männer und Frauen in eine Verhandlung geschickt. Sie werden aufgrund ihrer Kenntnisse und vorangegangenen Erfolge ausgewählt. Die Teams aus hierarchischen Kulturen bestehen in der Regel aus vielen, meist nur männlichen Teilnehmern, die möglichst ein breites Spektrum an Wissen abdecken und Interessen des gesamten Unternehmens widerspiegeln sollen. Gute Sprach- und Sachkenntnisse geben dabei keine Hinweise darauf, wer die Entscheidungen im Team trifft. In einem solchen Team wird großer Wert darauf gelegt, dass zwischen allen Teilnehmern und dem

Leiter des Verhandlungsteams Einvernehmen herrscht, was zu einer zeitaufwendigen Entscheidungsfindung führen kann. Solche Verhandlungsteams empfinden das „Leistungsteam" der egalitären Kulturen als aggressiv. Sie fühlen sich häufig beleidigt und nicht respektiert, wenn sie mit einem viel jüngeren Verhandlungsteam und Personen niedrigeren Status konfrontiert werden (Trompenaars 1993, S. 87, 144-151).

4.5.3. Interkulturelle Kommunikationsbarrieren

Für den Erfolg interkultureller Kommunikation ist es entscheidend, dass die Kommunikationspartner das sprachliche Verhalten des anderen und die Eigenschaften einer Kommunikationssituation übereinstimmend wahrnehmen und interpretieren, um Fehlreaktionen und Fehlaktionen, mehrdeutige Situationsgestaltungen und Verunsicherungen zu vermeiden (Knapp 1994, S. 256-258). Dazu gehört nicht nur die Antizipation vom verbalen, sondern auch vom nonverbalen und paraverbalen Verhalten, denn Kommunikation ist nicht nur ein Austausch von Informationen und Ideen durch Worte, sondern auch durch Körpersprache und Gefühle (Trompenaars 1993, S. 101). Menschen aus expressiven (emotionalen) Kulturen kommunizieren grundlegend anders als Menschen aus reservierten (neutralen) Kulturen.

Stark expressive Kulturen	**Relativ expressive Kulturen**	**Reservierte Kulturen**
Mittelmeerraum, romanisches Europa, Lateinamerika	USA und Kanada, Australien und Neuseeland, Osteuropa (Russland), Südasien	Ost- und Südostasien, Skandinavien, deutschsprachiger Raum, Niederlande, Dänemark, Norwegen und GB

Tabelle 3: Expressive versus reservierte Kulturen, Gesteland 1999, S. 66 und Trompenaars 1993, S. 98f.

Sie unterscheiden sich nicht nur in der Wahl unterschiedlicher Kommunikationsstile und im Kommunikationsverhalten im Bezug auf Offenlegung von Informationen, sondern stellen unterschiedliche Erwartungen an den Kommunikationsprozess. Das liegt an den kulturellen Überschneidungen von Werten, Wahrnehmungen, Handlungsabsichten und -interpretationen und ist der Grund für die meisten Missverständnisse. Genauso wie man gesprochene und geschriebene Worte missverstehen kann, wird auch die Körpersprache unterschiedlich interpretiert und kann zu einem gefährlichen Störfaktor bei einer internationalen Verhandlung werden (Gesteland 1999, S. 98f und Meyer 2004, S. 116f).

4.5.3.1. Verbale Kommunikation

Es gibt unterschiedliche Vorgehensweisen wie man einander kennen lernt, Informationen austauscht und miteinander kommuniziert. Verhandlungspartner aus abschlussorientierten Kulturen kommen direkt zu wichtigen Aspekten des Geschäfts, ohne sich die Zeit dafür zu nehmen, den Partner besser kennen zu lernen (Trompenaars 1993, S. 119f). Amerikaner beispielsweise tendieren dazu, offen über alle Fakten und Zahlen zu sprechen, vernachlässigen dabei aber die emotionale Seite, also die Art und Weise, wie Informationen mitgeteilt werden (Meyer 2004, S. 117). Sie kommunizieren ebenfalls sehr direkt und offen. Für sie ist es wichtig, verstanden zu werden und ihre Argumente deutlich zu vermitteln, um jede Unklarheit zu vermeiden. Offenheit und Direktheit werden in abschlussorientierten Kulturen als ehrlich und aufrichtig angesehen.

Dazu kommt noch, dass diese Kulturen in einem „geringen Kontext" kommunizieren, so dass die Bedeutung der Rede in den Worten selbst enthalten ist. Verhandlungspartner aus beziehungsorientierten Kulturen versuchen zuerst, den Partner kennen zu lernen und eine vertrauensvolle Beziehung aufzubauen, bevor sie zum Geschäft kommen. Sie sind auf Harmonie und auf Aufrechterhaltung und Pflege der Beziehung bedacht und bevorzugen deshalb einen vorsichtigen und indirekten Sprachgebrauch. Sie wählen sorgfältig ihre Worte aus, um keinen zu beleidigen oder vor den Kopf zu stoßen. Die Bedeutung ihrer Äußerungen ist oft nur aus dem Kontext der Worte zu erschließen. Sie kommunizieren in einem „hohen Kontext". Die gleiche Offenheit und Direktheit gelten hier als unreif, naiv und arrogant.

Partner aus abschlussorientierten Ländern werden als zu direkt, unpersönlich und drängend empfunden. Zwischen den Vertretern aus beziehungsorientierten Kulturen mit hohem Kontext und abschlussorientierten Kulturen mit niedrigem Kontext liegt eine breite Kommunikationskluft, die es gilt zu überwinden. Je entfernter die Verhandlungspartner voneinander auf dieser Skala liegen, desto schwieriger wird es, sich zu verständigen (Gesteland 1999, S. 18-42 und Trompenaars 1993, S. 120f).

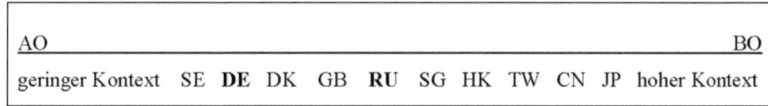

Abb. 3: *Der interkulturelle Kommunikationsgraben, in Anlehnung an Gesteland 1999, S. 18f, 39f.*

4.5.3.2. Paraverbale Kommunikation: Stimmlage, Schweigen

Die paraverbale Kommunikation bezieht sich auf Sprechrhythmus, Lautstärke, Intonation und Schweigepausen bzw. das Dazwischenreden. Reservierte Verhandlungspartner neigen dazu, ruhig, leise und ohne besondere Betonung der Worte zu sprechen im Gegensatz zu expressiven, lauten und stark gestikulierenden Verhandlungspartnern, die besonders wichtige Sachverhalte stimmlich betonen, um diese hervorzuheben. Da reservierte Partner eher eintönig sprechen, könnte bei dem Gegenüber der Eindruck entstehen, dass der Verhandlungspartner nichts Wichtiges zu sagen hat. Im Gegenzug könnte das laute Sprechen als aggressiv gedeutet werden. Ein weiterer Unterschied in der Gesprächsführung ist der Gebrauch von Schweigeperioden bzw. Unterbrechungen. Unterbrechungen und gleichzeitiges Sprechen werden unterschiedlich von den Verhandlungspartnern wahrgenommen (Gesteland 1999, S. 65-82). In einigen Kulturkreisen wie Deutschland oder Amerika gilt es als störend, unhöflich und respektlos, dem Redner ins Wort zu fallen, im Gegensatz zu solchen Kulturen wie Brasilien oder Italien. Für sie gehört es zu einer normalen Konversation, dass man einander ins Wort fällt oder gleichzeitig spricht. Sie fühlen sich eher unwohl, wenn es still wird (Adler 2002, S. 240). In der nachfolgenden Tabelle werden unterschiedliche Stile paraverbaler Kommunikation dargestellt.

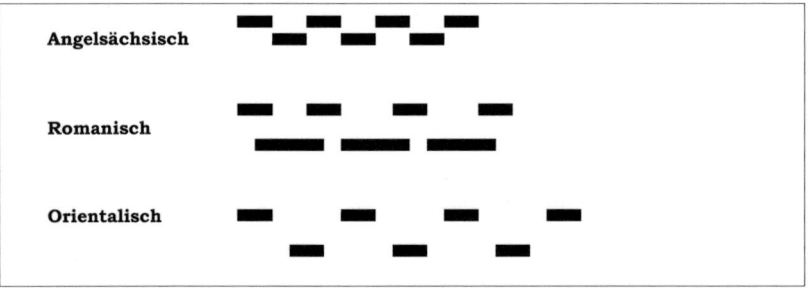

Abb. 4: Verschiedene Stile paraverbaler Kommunikation, Trompenaars 1993, S. 102.

Bei den Angelsachsen sprechen die Menschen einer nach dem anderen, ohne sich zu unterbrechen. Die Menschen aus dem Mittelmeerraum neigen dazu, dem Gesprächspartner ins Wort zu fallen und gleichzeitig zu sprechen. Dies wird nicht als unhöflich gedeutet sondern zeugt eher vom besonderen Interesse für das Gesprächsthema. Orientalische und asiatische Gesellschaften lassen sich Zeit beim sprechen und machen öfters Pausen, um gerade erhaltene Informationen zu verarbeiten und auf sich wirken zu lassen (Trompenaars 1993, S. 102).

4.5.3.3. Nonverbale Kommunikation: Distanzverhalten, Gesten und Blickkontakt

Die nonverbale Kommunikation bezieht sich auf die Körpersprache, Gesten und Blickkontakt. Die Häufigkeit und die Intensität des Blickkontakts werden sehr unterschiedlich in expressiven und reservierten Kulturen eingesetzt. Während die Südeuropäer die Augen und den Gesichtsausdruck des Gegenübers sehen wollen, um sicher zu gehen, dass alles verstanden und gehört wurde, empfinden Japaner den direkten Blick in die Augen eher als unangenehm. Die Menschen aus blickintensiven Kulturen sehen den geringen Blickkontakt als distanziert, kalt und unpersönlich an (Gesteland 1999, S. 76-78).

Intensiver Blickkontakt	Fester bis gemäßigter Blickkontakt	Indirekter Blickkontakt
Arabische Länder, Mittelmeerraum, romanische Europäer, Lateinamerikaner	Nordeuropa, Nordamerika, Korea, Thailand	Der größte Teil Asiens

Tabelle 4: Intensität des Blickkontakts, Gesteland 1999, S. 76.

Die Gesten der nonverbalen Sprache bergen wegen ihrer Mehrdeutigkeit das größte Konfliktpotenzial in sich. Gesten wie mit dem Zeigefinger zeigen, sich an den Kopf tippen, das OK-Zeichen und viele weitere gelten in einigen Kulturen als angemessen und in anderen Kulturen als unhöflich und beleidigend (Gesteland 1999, S. 79-82).

Die nichtverbale Kommunikation beinhaltet nicht nur Körpersprache, Gestik und Blickverhalten, sondern auch unterschiedliche Konzepte von Raum und Zeit, die im engen Zusammenhang mit dem Weltbild, Werte- und Einstellungssystemen stehen (Amt für Multikulturelle Angelegenheiten der Stadt Frankfurt am Main 1993, S. 50).

4.5.3.3.1. Raumkonzept

Raum und Körperdistanz sind ein weiterer wichtiger Aspekt in der interkulturellen Kommunikation. Wie weit ist die Distanzzone, bei der sich ein Mensch wohl fühlt, hängt im Wesentlichen von der Kultur und der jeweiligen Situation ab. Italiener und Griechen gehören zu den Menschen mit geringem Distanzverhalten und werden oft von z.B. Nordeuropäern als aufdringlich und aggressiv beschrieben. Die Nordeuropäer und Amerikaner sind dagegen immer auf genügend Abstand bedacht. Dieser große Abstand könnte aber für Italiener ein Signal dafür sein, dass man sie nicht mag, was sich wiederum auf den Erfolg einer Geschäftsbeziehung auswirken kann, besonders wenn man weiß, dass für Italiener Beziehungsebene und gegenseitige Sympathie eine große Rolle spielen (Gesteland 1999, S. 71-76 und Amt für Multikulturelle Angelegenheiten der Stadt Frankfurt am Main 1993, S. 52). Berühren ist ebenfalls eine Ausdrucksform und ist stark kulturabhängig. Sich bei einer Begrüßung umarmen oder den anderen am Arm oder Schulter berühren zeugt in lateinamerikanischen und arabischen Kulturen von Vertrautheit und Nähe. Personen aus Deutschland werden diese Art von Nähe eher als aufdringlich und unangenehm empfinden (Adler 2002, S. 241). Deutsche beschränken sich bei einer Begrüßung auf das Händeschütteln, während die Amerikaner nur selten die Hand geben (Amt für Multikulturelle Angelegenheiten der Stadt Frankfurt am Main 1993, S. 52).

Kulturen mit großem Körperkontakt und geringer Distanz (20-35 cm)	Kulturen mit mäßigem Körperkontakt und mittlerer Distanz	Kulturen mit geringem Körperkontakt und großer Distanz (40-60 cm)
Arabische Länder, Mittelmeerraum, das romanische Europa, Lateinamerika	Osteuropa (Russland), Nordamerika, Australien	Der größte Teil Asiens, Nordeuropa (Deutschland), GB, USA

Tabelle 5: Körperkontakt und Distanzverhalten, Gesteland 1999, S. 74.

4.5.3.3.2. Zeitfaktor

Zeit und Termine werden in verschiedenen Kulturen unterschiedlich aufgefasst. In einigen Kulturen werden Pünktlichkeit und feste Terminplanung sehr geschätzt. Termine und Tagesordnungen werden korrekt eingehalten und Sitzungen nicht unterbrochen. Pünktlichkeit wird zum Teil mit Zuverlässigkeit gleich gesetzt. Solche Kulturen bezeichnet Trompenaars (1993, S. 161f) als konsekutiv bzw. sequentiell, da eine Sache nach der anderen abarbeitet wird. Im Gegensatz dazu stehen synchrone Kulturen, die Zeit anders empfinden und anders damit umgehen. Für Südeuropäer und Lateinamerikaner ist es nicht ungewöhnlich, an mehreren Verabredungen gleichzeitig teilzunehmen, während einer Besprechung weitere Angelegenheiten parallel zu erledigen oder von unangemeldeten Besuchern oder Telefonanrufen unterbrochen zu werden. Sie messen der Pünktlichkeit keine große Bedeutung zu und sehen die Verpflichtung gegenüber einem Freund wichtiger als eine Verpflichtung gegenüber der Terminplanung an. Interessant ist aber, dass synchrone Partner von ihren sequentiellen Partnern Pünktlichkeit erwarten, auch wenn die Verhandlung in einem zeitflexiblen Land stattfindet (Gesteland 1999, S. 55-63, Trompenaars 1993, S. 161-164 und Amt für Multikulturelle Angelegenheiten der Stadt Frankfurt am Main 1993, S. 51). Adler (2002, S. 219f) empfiehlt Verhandlern aus konsekutiven Kulturen unbedingt mehr Zeit für eine Verhandlung mit zeitflexiblen Kulturen einzuplanen, um zu vermeiden, dass sie unter Zeitdruck geraten und vermeidbare Zugeständnisse machen, weil sie eine Einigung anstreben und eine Verhandlung mit einem unterschriebenen Vertrag abschließen wollen. Die Autorin warnt davor, dass sich Verhandlungspartner aus zeitflexiblen Kulturen diese Einstellung zunutze machen und so mehr Zugeständnisse zu eigenem Vorteil erzwingen könnten.

4.6. Zwischenergebnis

Am Anfang dieses Kapitels habe ich Definitionen des Begriffs Verhandeln nach Fisher et al. sowie Pruitt und Carnevale gegeben. Diese Definitionen verstehen Verhandeln eher als einen Alltagsbegriff, der sich auf verschiede Aktivitäten und Bereiche des Lebens beziehen kann. Im Laufe des Kapitels haben sich weitere Aspekte und Einflussfaktoren herauskristallisiert, die Verhandlungen zwischen Geschäftsparteien sowie den Erfolg einer Verhandlung beeinflussen können. Aus diesem Grund möchte ich noch einmal auf den Begriff Verhandeln zu sprechen kommen und diesen enger definieren. Sowohl beim Alltagsbegriff von Verhandlungen als auch bei dem Begriff der Geschäftsverhandlung geht es im Kern um einen interaktiven Prozess zwischen mindestens zwei Parteien mit eigenen Interessen. Während dieses Verhandlungsprozesses versuchen die beteiligten Parteien gegenseitige Interessen zu optimieren und mit den Zielen des anderen zu verknüpfen. Beide Parteien verwenden dafür eine Verhandlungsstrategie, in die sie Einfluss, Zeit, Mittel und Instrumente einsetzen, um ihre Ziele zu erreichen. Dabei unterliegt die Realisierung mindestens eines Ziels des einen Verhandlungspartners dem Einfluss des anderen Partners und umgekehrt.

Der Erfolg einer Verhandlung hängt von vielen Faktoren ab. Dazu gehören nicht nur Faktoren verhandlungstechnischer Art wie z.B. Strategien und Taktiken, sondern auch Persönlichkeitsfaktoren der Verhandlungsteilnehmer, deren Verhaltensmuster, Werte und Normen von der jeweiligen Kultur geprägt sind. Daher müssen Verhandlungsteilnehmer bei der Vorbereitung auf eine interkulturelle Verhandlung so viel wie möglich über die Kultur und Gebräuche des Partners, seine Verhandlungsführung und seine Verhandlungsstrategie in Erfahrung bringen und bereit sein, sich auf den Partner einzustellen und eine vertrauensvolle Beziehung als eine Basis für weitere Geschäfte aufzubauen. Nur wenn alle Verhandlungsteilnehmer sich der Bedeutung kultureller Eigenheiten und deren Auswirkungen auf das Verhalten eines Individuums bewusst sind, können Missverständnisse und Misstrauen überwunden werden.

5. Anwendung der Kulturtheorien auf Russland

5.1. Vergleich zwischen Russland und Deutschland

In der vorliegenden Untersuchung sollen Russland und Deutschland anhand der fünf Dimensionen von Hofstede miteinander verglichen werden. Da Russland bei Hofstedes Untersuchung nicht mitberücksichtigt wurde, werden entsprechende Schätzwerte von ITIM verwendet. Diese geschätzten Werte werden in der nächsten Abbildung den Werten für Deutschland gegenüber gestellt.

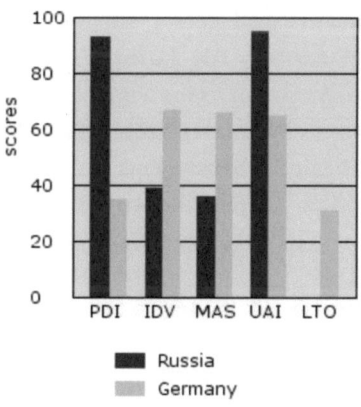

Abb. 5: The 5 Dimensions Model of Professor Geert Hofstede, ITIM 2003.

Für die Dimension Langzeitorientierung (LTO) gibt es keine Schätzwerte für Russland. In den anderen vier Dimensionen, insbesondere bei der Machtdistanz (PDI) bestehen große Unterschiede. Russland ist gekennzeichnet durch hohe Machtdistanz und hohe Unsicherheitsvermeidung (UAI). Dagegen ist der Individualismus-Index (IDV) gering ausgeprägt. Grund dafür ist eher kollektivistische Orientierung des Landes. Einen noch geringeren Wert von 38 Punkten weist der Maskulinitäts-Index aus. In Deutschland dagegen sind Maskulinität, Individualismus und auch Unsicherheitsvermeidung viel stärker ausgeprägt und liegen alle etwa auf gleichem Niveau. Die Machtdistanz ist eher mäßig ausgeprägt.

5.2. Charakterisierung der russischen Kultur

Wie bereits erwähnt, gehörte Russland nicht zu den Ländern, die mit Hilfe von Hofstedes Dimensionen untersucht wurden. Erst 1993 hat Hofstede Schätzwerte für Russland anhand von nationalen Statistiken, regionalen Studien über die russische Kultur und Geschichtsbüchern ermittelt (Naumov/Puffer 2000, S. 710). Später gab es einige Studien wie die von Fernandez[7] (1997) oder Naumov/Puffer (2000), die unter der Verwendung von Hofstedes Dimensionen auch Russland charakterisiert haben. Im Folgenden werden die Ergebnisse der Studie von Naumov und Puffer vorgestellt. Diese Ergebnisse basieren auf der Auswertung der Fragebögen von 250 russischen Managern, Studenten, Universitätsbeamten und Akademikern und gehen auf die Zeit zwischen Oktober 1995 und Juni 1996 zurück. Die Auswertung erfolgte anhand von Hofstedes 100-Punkte Skala, um eine Vergleichbarkeit mit anderen Studien zu gewährleisten (Naumov/Puffer 2000, S. 710). Die Interpretation der Ergebnisse basiert überwiegend auf politischen, geographischen und geschichtlichen Gegebenheiten des Landes.

Land/Studie	Individualismus-Kollektivismus	Machtdistanz	Maskulinität-Femininität	Unsicherheitsvermeidung	Paternalismus (Langzeitorientierung)
Russland/Hofstedes Schätzwerte[8]	50	95	40	90	10
Russland/Naumovs Werte	41	40	55	68	59

Tabelle 6: Scores on Hofstede's Cultural Dimensions, in Anlehnung an Naumov/Puffer 2000, S. 712.

---

[7] Diese Studie basiert auf Befragungen, die zwischen 1989 und 1990 durchgeführt wurden. Befragt wurden insgesamt 7.201 Personen (Berufstätige und Studenten) aus neun Ländern. In Russland betrug die Zahl der Befragten 1.236. Zwar wurden die gleichen Dimensionen wie bei Hofstede untersucht, doch die Auswertung basierte auf anderen Skalen (Skala von Dorfman und Howell und Likert-Skala), so dass keine Vergleichbarkeit zu Hofstedes oder Naumovs/Puffers Ergebnissen hergestellt werden kann (Fernandez 1997, S. 43-54). Aufgrund der geringen Datenerhebung und anderer Bewertung wird diese Studie außer Acht gelassen.

[8] Vgl. Hofstede (1993), zitiert nach Naumov/Puffer 2000, S. 712.

Die Schätzwerte von Hofstede, die in der Studie von Naumov und Puffer zitiert werden, weichen von den Schätzwerten, die ITIM für Russland veröffentlicht hat. Das liegt daran, dass die Werte in Naumovs und Puffers Studie auf Hofstedes Schätzung im Jahr 1993 zurückgehen und die Werte von ITIM 2003 aktualisiert wurden.

Bei der Charakterisierung von Russland anhand Hofstedes Dimensionen werden Schätzwerte aus der Studie von Naumov und Puffer verwendet, da deren Herkunft auf Hofstedes Angaben zurückgeht und somit als gesichert gilt.

5.2.1. Individualismus-Kollektivismus

Naumov und Pufffer ermittelten für Russland einen Individualismus-Index von 41 Punkten. Dieses Ergebnis unterscheidet sich nur minimal von Hofstedes Schätzung von 39 Punkten und spiegelt eine stärkere Kollektivorientierung in diesem Land wider (Naumov/Puffer 2000, S. 713f). Gruppenzugehörigkeit und der Gemeinschaftssinn bilden den Kern des sozialen Lebens in Russland. Die Menschen definieren sich als Teil einer Gruppe, durch die ihre Überzeugungen, Einstellungen, Werte sowie Verhaltensweisen bestimmt sind (Thomas et al. 2003, S. 104). Die Tradition des gemeinschaftlichen Lebens war in Russland seit jeher prägend. Die Menschen entwickelten eine gewisse Tendenz, ihre Daseinsgestaltung und alle Gefahren nicht alleine zu meistern, sondern eher der Gemeinschaft zu übertragen. Nach der Oktoberrevolution 1917 konnte der Staat auf diese Tradition zurückgreifen und das sozialistisch orientierte Kollektiv einführen. Diese Kollektivierung betraf alle Lebensbereiche angefangen mit dem Wohnen über die Arbeit und Bildung bis hin zur Freizeitgestaltung (Löwe 2002, S. 99). Im Zuge der Kollektivierung wurde das Privateigentum abgeschafft und eine klassenlose Gesellschaft mit Gleichheit für alle propagiert. Diese Gleichheit rückte das Kollektiv verstärkt in den Vordergrund. Alle hatten sich an die Regeln des Kollektivs zu halten und sich nicht vom Kollektiv durch eine andere Meinung oder durch abnormes Verhalten abzuheben. Abweichungen von Verhaltensnormen wurden zu Stalins Zeit stark sanktioniert. Es galt deswegen, sich an das Kollektiv anzupassen, um nicht aufzufallen, denn nur das Kollektiv bot den Menschen Schutz und Sicherheit. Dieses Denken wurde stark von der Bevölkerung verinnerlicht, so dass auch heute die Zugehörigkeit zu einer Gemeinschaft angestrebt wird (Yoosefi/Thomas 2003, S. 46f).

Trotz der sozialen Gleichheit und des starken Gemeinschaftsgefühls sind im heutigen Russland Charakterzüge einer Ellbogengesellschaft verstärkt zu finden. Es scheint das Gesetz des Stärkeren zu gelten. Dieses Phänomen ist ebenfalls geschichtlich verankert und geht auf Missachtung und Geringschätzung des menschlichen Lebens zurück (zwei Weltkriege, die Oktoberrevolution, Stalinistische Massenverfolgungen mit mehreren Millionen Opfern) (Baumgart/Jänecke 2000, S. 57, 60f).

5.2.2. Machtdistanz

Die Machtdistanz beträgt in dieser Studie 40 Punkte und unterscheidet sich sehr stark von den von Hofstede geschätzten 95 Punkten. Den Grund für diesen Unterschied sehen die Autoren im Zeitraum, in dem die Untersuchung bzw. die Schätzung stattfand. Hofstede stützte seine Schätzung auf Statistiken und Geschichtsbücher, die auf die Zeit vor der Perestroika zurückgehen. Diese Zeit wurde von hoher Machtdistanz, die allerdings in den folgenden Jahren stetig abgenommen hat, geprägt. Die 40 Punkte sehen die Autoren als eine mögliche Folge von politischer Dezentralisierung, wirtschaftlichen Reformen und Privatisierung der Wirtschaft (Naumov/Puffer 2000, S. 715). Eine weitere Erklärung für diese große Differenz liegt auch am Alter der Teilnehmer, die an der Untersuchung von Naumov und Puffer beteiligt waren. Es wurden 93 Personen unter 25 Jahren, 73 Personen zwischen 25 und 40 und nur 84 Personen über 40 befragt. Insgesamt wurden also 166 Vertreter jüngerer Generation und 84 Vertreter älterer Generation befragt. In Russland gibt es große Unterschiede zwischen einem alten und einem neuen Unternehmens- und Unternehmertyp. Der alte Unternehmertyp orientiert sich heute noch an früherer Organisationsstruktur mit steiler Hierarchiepyramide. Es wird oben entschieden und unten ausgeführt. Nur der Vorgesetzte hat die uneingeschränkte Entscheidungskompetenz und trägt für alles, was im Unternehmen passiert, die Verantwortung. Die Entscheidungen des Chefs werden nicht in Frage gestellt und keine Kritik geäußert. Kritik nimmt genau so wie die Anweisungen den Weg von oben nach unten und ist sehr direkt. Die Tatsache, dass nur der Chef sich immer richtig entscheidet und die Angst davor, Fehlentscheidungen innerhalb der eingeräumten Entscheidungsfelder zu treffen, führen bei Mitarbeitern zu mangelndem Entscheidungswillen und zur Scheu vor Verantwortungsübernahme (Thomas et al. 2003, S. 106). Mitarbeiter haben in solchen Organisationsformen kein Mitspracherecht (Yoosefi/Thomas 2003, S. 22-34). Die ältere Unternehmergeneration ist immer noch von einem autoritär-patriarchalischen Führungsstil der früheren sowjetischen Betriebe geprägt. Das Verhältnis zwischen dem Vorgesetzten und seinen Mitarbeitern ist einerseits von Angst und Respekt vor dem Generaldirektor geprägt, andererseits erfüllt der Vorgesetzte in einer gewissen Weise die Rolle des Vaters, der z.B. familiäre Verhältnisse seiner Untergebenen kennt und sie in Notfällen unterstützt aber auch eine Rüge erteilen kann (Yoosefi/Thomas 2003, S. 23 und Baumgart/Jänecke 2000, S. 200).

Die neue Unternehmergeneration ist viel flexibler und orientiert sich an westlichen Unternehmensformen und Führungsstilen. Sie versucht den Mitarbeitern mehr Mitspracherecht zu geben und sie am Entscheidungsprozess zu beteiligen (Yoosefi/Thomas 2003, S. 27).

5.2.3. Maskulinität-Feminität

Für die Dimension Maskulinität-Feminität wurde in dieser Studie ein Wert von 55 Punkten ermittelt im Vergleich zu Hofstedes Schätzung von 38 Punkten (Naumov/Puffer 2000, S. 716). Die Trennung der Geschlechterrollen ist in Russland relativ stark ausgeprägt. Es wird deutlich differenziert zwischen den Tätigkeiten, die von einem Mann und solchen, die von einer Frau ausgeführt werden. Die Rolle der Frau in Russland ist sehr ambivalent. Einerseits wurde die Gleichberechtigung zwischen Mann und Frau in der Verfassung verankert. Frauen erhielten Zugang zu allen Ausbildungsgängen und Berufen (Yoosefi/Thomas 2003, S. 122). Zwar dominieren in der Politik immer noch die Männer, aber in solchen Berufen wie Lehrer, Ärzte, Erzieher aber auch Ingenieure und Techniker ist die Vorherrschaft der Frauen seit langer Zeit besiegelt (Zhelvis 2002, S. 26). Andererseits erfüllt die Frau ihre traditionelle Rolle als Hausfrau und Mutter und wird von ihrem Mann bei der Hausarbeit oder Erziehung der Kinder nicht unterstützt. Dies führt zu einer Mehrfachbelastung, mit der sich die russischen Frauen scheinbar abgefunden haben (Yoosefi/Thomas 2003, S. 122-124 und Löwe 2002, S. 101f). Ein anderer Aspekt dieser Dimension erklärt, warum der Machtdistanz-Index in einer patriarchalischen Gesellschaft wie Russland „nur" 55 Punkte beträgt. Grund dafür ist, dass solche charakteristische Merkmale einer maskulinen Gesellschaft wie Erfolgsdruck, Konkurrenzdenken und starke Leistungsorientierung in Russland nicht stark ausgeprägt sind. Alle diese Faktoren waren in der Zeit des Sozialismus nicht verankert. Die Betonung des Kollektivs, Unterdrückung der Eigeninitiative, gleiche Bezahlung für alle, unabhängig von der erbrachten Leistung und überbesetzte Betriebe haben eine konkurrenz- und druckfreie Atmosphäre geschaffen, die bis heute anhält. Unter Kollegen herrschen fast familiäre Beziehungen, man spricht über das Privatleben, feiert zusammen und verbringt gemeinsam die Freizeit. Die Mitarbeiter vermeiden tendenziell jede Art von Kritik, sei es gegenüber dem Vorgesetzten oder Kollegen, um ein bereits aufgebautes gutes Verhältnis nicht dadurch zu belasten, da persönliche Beziehungen in Russland sowohl im privaten als auch im beruflichen Leben eine entscheidende Rolle spielen (Yoosefi/Thomas 2003, S. 70f, 103, 113 und Baumgart/Jänecke 2000, S. 222).

Auch wenn Russland keine Erfolgskultur ist, so wird vor allem die junge Generation von ihren lange Zeit unerfüllten Konsum- und Luxuswünschen angespornt, erfolgreich zu sein. Dem Erfolg der einen begegnen die weniger erfolgreichen Landsleute mit Neid und Missgunst, was nicht selten mit Gewaltakten endet. Dies liegt zum einen daran, dass Erfolg im geschäftlichen Leben eher als eine Frage des Glückes und guter Beziehungen als das Ergebnis von Fähigkeit und Leistung angesehen wird (Baumgart/Jänecke 2000, S. 105) und zum anderen daran, dass beruflich erfolgreichen Menschen vorgeworfen wird, den Erfolg auf Kosten der anderen erwirtschaftet zu haben (Swjagin 2004, S. 157).

5.2.4. Unsicherheitsvermeidung

Für Russland wurde ein Unsicherheitsvermeidungswert von 68 Punkten ermittelt. Der geschätzte Wert von Hofstede beträgt 95 Punkte und weicht somit ganz stark ab. Dieser sehr hohe Wert ist laut Naumov und Puffer (2000, S. 712) zurückzuführen auf die Zeit politischer und wirtschaftlicher Stagnation in den achtziger Jahren, während allen Bürgern Russlands ein sicherer Arbeitsplatz und mittlerer Lebensstandard garantiert wurde, wenn sie nichts am Status Quo ändern würden. Hinzu kommt noch, dass man in Russland durch die propagierte Anpassung an das Kollektiv, sehr intolerant gegenüber abweichendem Verhalten und neuen Ideen eingestellt war (Yoosefi/Thomas 2003, S. 46). Der deutlich geringere Wert aus dieser späteren Studie entstand durch die zunehmenden Veränderungen in Russland in den frühen neunziger Jahren und durch die Transformation der russischen Gesellschaft in Richtung einer marktorientierten Wirtschaft (Naumov/Puffer 2000, S. 712f). Die Russische Bevölkerung wurde vor eine neue Situation gestellt. Die Umstrukturierung zwang die Menschen, ihre Lebensplanung selbst zu bestimmen, Initiative zu ergreifen, Entscheidungen zu treffen und eigenverantwortlich zu handeln, was jahrzehntelang dem Staat und den oberen Organen vorbehalten war.

5.2.5. Paternalismus

Die letzte Dimension wird in dieser Studie als Paternalismus bezeichnet und ist aus der Langzeitorientierungsdimension abgeleitet. Paternalismus beschreibt, inwieweit ein schwaches Mitglied einer Gesellschaft vor einem mächtigen Mitglied durch den Staat oder Familie geschützt wird. In den Ländern mit geringem Maß an Paternalismus, dazu gehört auch Deutschland, werden Kinder zur Selbständigkeit erzogen. Wenn die Kinder erwachsen werden, verlassen sie ihr Elternhaus und führen ein eigenständiges Leben. In vielen osteuropäischen Ländern und auch in Russland leben dagegen mehrere Generationen unter einem Dach (Naumov/Puffer 2000, S. 715f). Dies hat eine lange historische und kulturelle Tradition und ist vor allem zurückzuführen auf wirtschaftliche Not und einen akuten Wohnungsmangel. Das Zusammenleben auf engstem Raum hat zu engen Familienbanden und zu einer ausgeprägten Loyalität gegenüber Familienmitgliedern geführt (Baumgart/Jänecke 2000, S. 101). Die Kinder bzw. die Jüngeren begegnen ihren Eltern bzw. den Älteren mit Respekt und Gehorsam, während die Eltern bzw. die Älteren den Kindern bzw. den Jüngeren Schutz und Fürsorge schulden (Hofstede 1997, S. 232). Diese Fürsorge äußert sich laut Baumgart und Jänecke (2000, S. 101) durch übermäßiges Verwöhnen der Kinder. Den Kindern werden ihre kostenintensive Konsumwünsche erfüllt, auch wenn die gesamte Familie dafür Monate lang sparen muss. Die Eltern bemühen sich, die Kinder möglichst lange von den Ungerechtigkeiten und Problemen des Lebens abzuschirmen. Dafür nehmen die Kinder ihre Eltern im Alter bei sich auf, um sie zu versorgen.

Ein weiterer Aspekt dieser Dimension ist der Respekt vor Traditionen. In Russland sind die Menschen eher vergangenheitsorientiert. Sie leben gerne in ihren Erinnerungen und legen viel Wert auf Traditionen (Baumgart/Jänecke 2000, S. 49). So bestimmen bis heute noch tradierte Verhaltensregeln, Trennung der Geschlechterrollen, respektvolles Verhalten gegenüber dem Familienoberhaupt bzw. dem Vorgesetzten sowohl den privaten als auch den beruflichen Alltag der Menschen. Diese starke Traditionsorientierung liegt an den Unbeständigkeiten und Unsicherheiten des Lebens in Russland, welche zusätzlich von der geschichtlichen und ökonomischen Entwicklung des Landes verstärkt werden. In Russlands zaristischer und kommunistischer Geschichte hatte der jeweilige Herrscher bzw. der Staat eine unbegrenzte Macht über das Volk, Landwirtschaft und andere Bereiche der Gesellschaft. Die Menschen fügen sich dem Staat, einer Organisation oder ihrem Vorgesetzten und reagieren mit Schicksalsergebenheit und Resignation allen Entwicklungen gegenüber (Yoosefi/Thomas 2003, S. 97, 113 und Zhelvis 2002, S. 13-15). Baumgart und Jänecke (2000, S. 53) gehen davon aus, dass diese Schicksalsergebenheit der russischen Bevölkerung dabei hilft, schwere Zeiten zu überstehen und das Unabwendbare zu ertragen. Zugleich zeigt sie sich in einer endlosen Duldsamkeit der Bevölkerung gegenüber Menschenverachtung, sozialen Missständen und bürokratischer Schikane, denen sie sich hilflos ausgesetzt fühlt. Diese Haltung wird nicht zuletzt von der russisch-orthodoxen Kirche beeinflusst. Sie prägt Geduld, absolute Passivität und Gehorsamkeit. Auch in der Arbeitswelt findet man heute diese Einstellung. Mitarbeiter verhalten sich oft passiv und lassen vieles einfach geschehen (Yoosefi/Thomas 2003, S. 97, 113 und Zhelvis 2002, S. 13-15). Nicht zuletzt resultieren diese passive Haltung und die Scheu vor individueller Verantwortung aus Angst vor persönlichem Gesichtsverlust gegenüber Kollegen, Bekannten und Freunden. Fehlentscheidungen und daraus resultierende Misserfolge werden demjenigen zugeordnet, der eine falsche Entscheidung getroffen hat, aber auch all jenen, die ihn dabei unterstützt haben. Die Angst vor Gesichtsverlust macht es den Vorgesetzten und Entscheidungsträgern schwer, Fehler einzugestehen und ihre Entscheidungen zu korrigieren. Oft wird an einer getroffenen Entscheidung festgehalten, auch wenn sich diese erwiesener Maßen als falsch herausgestellt hat (Baumgart/Jänecke 2000, S. 67, 71). Der relativ hohe Wert von 59 Punkten scheint unter diesen Gesichtspunkten realistischer zu sein im Gegensatz zum geschätzten Wert von Hofstede von nur 10 Punkten.

5.2.6. Fazit

Naumov und Puffer charakterisierten Russland Mitte der neunziger Jahre anhand Hofstedes Dimensionen und ermittelten gemäßigte Werte in Individualismus, Maskulinität und Machtdistanz und relativ hohe Werte in Unsicherheitsvermeidung und Paternalismus. Dabei stellten sie die größten Unterschiede zwischen den jüngeren und älteren Menschen im Bezug auf Maskulinität und Paternalismus fest. Bei der jüngeren Generation wurde ein höherer Wert für Maskulinität und geringer Wert für Paternalismus gemessen. Das erklären sich die Autoren dadurch, dass die jüngeren Teilnehmer der Befragung im geringeren Maße mit der kollektivistischen Ideologie, propagiert vom kommunistischen Regime, in Berührung kamen und sich am stärksten an den marktwirtschaftlichen Werten der westlichen Länder orientieren.

Seit der Aufhebung der politischen, sozialen und wirtschaftlichen Isolation entwickelt sich Russland rasant und wendet sich verstärkt der westlichen Lebensweise zu. Nahezu unbegrenzt ist der „Hunger" der Russen nach westlicher Mode, Musik, nach Filmen und Produkten aller Art und nach westlichen Essgewohnheiten (McDonalds, Coca-Cola) (Baumgart/Jänecke 2000, S. 29f).

Mit der zunehmenden marktwirtschaftlichen Entwicklung und Offenheit betrachten Naumov und Puffer (2000, S. 717) eine Annäherung Russlands entlang der Dimensionen an westliche Ländern als möglich. Sie betonen aber, dass Russland weiterhin geprägt sein wird von der eigenen Geschichte und Tradition.

Die Verwendung von Hofstedes Dimensionen ermöglichte einen Vergleich zwischen den Ergebnissen der Untersuchung von Naumov und Puffer, die 1995/96 durchgeführt wurde und Hofstedes Schätzwerten. Da Hofstedes Schätzungen für Russland auf die achtziger Jahre vor dem Zerfall der Sowjetunion (1991) zurückgehen und die Studie von Naumov und Puffer auf Befragungen Mitte der neunziger Jahre basiert, konnten die Auswirkungen der Umbruchszeit zumindest ansatzweise erfasst werden.

5.3. Zentrale russische Kulturstandards

5.3.1. Gruppenbezogenheit

Der Kulturstandard Gruppenbezogenheit stimmt mit Hofstedes Dimension Individualismus-Kollektivismus, die im Kapitel 5.2.1 beschrieben wurde, überein.

5.3.2. Hierarchiebewusstsein

Dieser Kulturstandard entspricht weitgehend Hofstedes Dimension Machtdistanz. Allerdings stimmen die Ausführungen dazu eher mit dem hohen Schätzwert von 95 Punkten von Hofstede überein, im Gegensatz zu Naumovs und Puffers deutlich geringerem Wert von 40 Punkten (siehe Kapitel 5.2.2).

Thomas et al. (2003, S. 106) beschreiben das betriebliche Leben der Russen als sehr stark hierarchisch gegliedert. Sie verweisen auf den Vorrang der Positionsmacht und die damit verbundene Scheu vor Verantwortungsübernahme seitens der Mitarbeiter. Gründe dafür sehen die Autoren darin, dass die Untergebenen alle Entscheidungen des Generaldirektors als richtig ansehen und ausnahmslos akzeptieren. Die Mitarbeiter selbst haben Angst davor, Fehlentscheidungen zu treffen, da diese oft nicht sachlich analysiert, sondern der Person zugeschrieben werden, gepaart mit Schuldzuweisungen und Strafen.

Eine Unterteilung in Unternehmer älteren und jüngeren Generation wie bei Naumov und Puffer nehmen die Autoren nicht vor.

5.3.3. Paternalismus

Formale Organisationsstrukturen sind in Russland auf persönlichen und emotionalen Beziehungen zwischen dem Vorgesetzten und seinen Mitarbeitern aufgebaut. Der Vorgesetzte ist derjenige, der für ein gutes und positives Arbeitsklima im Kollektiv sorgt, bei Konflikten zwischen den Mitarbeitern die Rolle des Richters übernimmt, die Interessen des Kollektivs und jedes einzelnen Mitarbeiters nach außen vertritt und sich um jeden Mitarbeiter kümmert, sei es in beruflichen oder auch privaten Angelegenheiten (Thomas et al. 2003, S. 106f). In Deutschland gibt es keine Fürsorgepflicht des Chefs für seine Mitarbeiter, weder im Bezug auf die Aufgabenerledigung (Eigenverantwortung der Mitarbeiter) noch in Privatangelegenheiten. Hier gilt eine strikte Trennung von „beruflich" und „privat" (Schroll-Machl 2003, S. 137, 198).

5.3.4. Emotionalität

Bei den zwischenmenschlichen Interaktionen sowohl im privaten Leben als auch im Geschäftsleben stehen Personen und Beziehungen zu ihnen im Vordergrund und nicht eine Aufgabe oder ein Ziel. Deswegen werden Geschäftsbeziehungen eher nach dem Faktor Sympathie bzw. Antipathie als nach rationalen Aspekten eingegangen. Empfindet ein Russe Sympathie gegenüber seinem Partner, so wird er sich sehr stark für das gemeinsame Geschäft einsetzen und dem Partner „Türen öffnen" z.B. bei Behörden, die sonst verschlossen bleiben würden. Im Gegenzug werden „kleine Gefälligkeiten" erwartet. Wird die Sympathie nicht erwidert, dann fühlen sich Russen schnell gekränkt und zeigen deutlich ihre Abneigung, ohne dabei unhöflich zu werden (Thomas et al. 2003, S. 10f).

In Deutschland gelten im Berufsleben objektive Fakten und Rationalität. Emotionales Verhalten wird vermieden, da es als Zeichen der Schwäche und Unprofessionalität gesehen wird. Im Privatleben sind

Emotionen, Mitgefühl und Verständnis für andere sehr wichtig (Schroll-Machl 2003, S. 140).

5.3.5. Situative Polarität

Situative Polarität geht mit der Emotionalität einher und bezieht sich auf das Verhalten einer Person, das sehr schnell von einem Extrem zum anderen umkippen kann, abhängig davon, in welcher Situation sich diese Person befindet (Thomas et al. 2003, S. 108). Die extreme Bipolarität und Widersprüchlichkeit ist kennzeichnend für die russische Mentalität und Kultur und ist zurückzuführen auf gegensätzliche Einflusse von Ost und West, auf Widerspruch zwischen Individuum (Gewinner-Verlierer-Denken, siehe Kapitel 6.2.1) und Kollektiv und auf grenzenlose Weite des Landes, die alle Extremen in sich vereint (Baumgart/Jänecke 2000, S. 48f).

Freundschaft/Sympathie - Hass: entweder ist man sich gegenseitig sympathisch und arbeitet auf einer freundschaftlichen Basis zusammen oder man bricht die Zusammenarbeit ab, weil man menschlich gesehen nicht auf einer Wellenlänge liegt (Thomas et al. 2003, S. 108).

Geduld - Ungeduld: Einerseits meistern viele Russen ihren Alltag mit bemerkenswerter Geduld, andererseits reagieren sie z.B. beim Autofahren ungeduldig, egoistisch und aggressiv (Thomas et al. 2003, S. 108 und Baumgart/Jänecke 2000, S. 54f).

Genügsamkeit - Maßlosigkeit: Russen können sich nur auf das Nötigste beschränken und das Wenige, womit manche auskommen müssen mit anderen teilen. Die Genügsamkeit der russischen Bevölkerung geht zurück auf jahrhundertlange Entbehrungen, Hungersnöte und Kriege in der Vergangenheit sowie Inflationen und soziale Not in der Gegenwart (viele Menschen, insbesondere Rentner und allein erziehende Mütter leben unter dem offiziellen Existenzminimum). Trotz der niedrigen Löhne gehen viele nicht sparsam damit um, sondern geben sofort alles aus, egal wofür. Diese Eigenschaft resultiert zum einen aus der Unsicherheit der Zukunft gegenüber und aus Angst vor Inflationen (Baumgart/Jänecke 2000, S. 63, 67) und zum anderen aus unerschöpflichen Resourcen Russlands (Land, Bodenschätze, Wälder, Wasser, Baumaterialien), mit denen sehr verschwenderisch umgegangen wird (Swjagin 2004, S. 158).

5.3.6. Gegenwartsbezogene Prozessorientierung

Dieser Kulturstandard äußert sich in kurzfristiger, wenig detaillierter Planung und Erledigung der Dinge, die gegenwärtig anfallen, ohne über mögliche Hindernisse und Ausweichalternativen nachzudenken. Russen lassen ein Problem auf sich zukommen und versuchen erst dann es zu lösen (Thomas et al. 2003, S. 109). Im Gegensatz dazu steht deutsche langfristige und ergebnisorientierte Zeiteinteilung. Lange im Voraus wird bis ins kleinste Detail geplant. Potentielle Probleme werden antizipiert und möglichst frühzeitig beseitigt (Thomas et al. 2003, S. 109 und Schroll-Machl 2003, S. 75, 119).

5.3.7. Pessimismus/Fatalismus

Russen glauben an das Schicksal und daran, dass man nichts ändern kann. Dieser Glaube bestärkt die pessimistische Einstellung der Zukunft gegenüber, hat aber auch optimistische Ausprägung in der Haltung „es wird schon irgendwie werden". Dieser Hoffnung stehen aber keine aktive Handlungen gegenüber, sondern eher Passivität und das Abwarten (Thomas et al. 2003, S. 109f).

5.4. Einige Hintergründe russischer Kulturstandards

Während eines Aufenthaltes in Russland kann einem deutschen Geschäftsmann vieles an seinem russischen Partner als unverständlich erscheinen: seine Verschwiegenheit und Misstrauen, seine Passivität oder seine Bereitschaft zur Korruption und Missachtung von Gesetzen. Diese Verhaltensweisen und die russische Geschäftsmentalität werden im großen Maße von historischen, geografischen und gesellschaftlichen Faktoren geprägt (Kachcharova 2001, S. 6f). Russland ist unendlich groß und umfasst elf Zeitzonen. Auch nach dem Zerfall der Sowjetunion bleibt Russland flächenmäßig (17,1 Mio. km^2) der größte Staat der Erde mit 145,2 Mio. Bevölkerung (Yoosefi/Thomas 2003, S. 14, Bundesstatistikamt Russland 2004). Die Abgeschiedenheit vieler Regionen vom Zentrum prägte das Misstrauen der Bevölkerung gegenüber Fremden und verstärkte den Blick auf das Kollektiv. Das raue Klima hatte zur Folge, dass die Menschen etwa die Hälfte des Jahres intensiv gearbeitet und sich auf den langen Winter vorbereitet haben, und dass diese Arbeit eher in einem Kollektiv zu bewältigen war. Diese ungleiche Arbeitsverteilung ist unter anderem ein Grund für die zum Teil bis heute vorherrschende Arbeitseinstellung, aber auch für die Belastbarkeit, Neigung zu Extremen, Hang zum Pessimismus und Melancholie der Russen (Kachcharova 2001, S. 5).

Jahrhunderte lang wurde Russland von jeweiligen Herrschern autokratisch regiert. Dies hat sich auch nicht besonders während der Zeiten der Sowjetunion geändert. Individuen konnten weder eine privatwirtschaftliche Initiative ergreifen, noch konnten sie die von der Regierung festgelegten Ideologien in Frage stellen. Sie waren der Willkür des Staates ausgesetzt und wurden nicht von den Gesetzen geschützt. Im Gegenteil, die Gesetze schützten den Staat. Diese Machtlosigkeit dem Staat und Behörden gegenüber ist heute noch tief im Bewusstsein der Menschen verankert und äußert sich in einem tiefen Misstrauen gegenüber staatlichen Behörden und in dem Wunsch, Gesetze zu umgehen.

Trotz dieser Einflüsse gibt es heute eine Unternehmergeneration, die den westlichen Geschäftsleuten in nichts nachsteht (Kachcharova 2001, S. 5f).

6. Besonderheiten einer Verhandlung mit russischen Partnern

In diesem Kapitel wird die Struktur des vierten Kapitels aufgegriffen und anhand der Ebenen einer Verhandlung Besonderheiten beschrieben, die bei einer Verhandlung mit russischen Partnern auftreten könnten. Diese Besonderheiten werden zum einen anhand von Literaturrecherchen und zum anderen anhand der Ergebnisse der eigens durchgeführten Umfrage vorgestellt. Diese Umfrage wurde mit der Unterstützung vom Ostbüro Leymann durchgeführt. Es wurden einige hunderte Unternehmen per e-Mail angeschrieben. Insgesamt haben sich 52 Unternehmen aus unterschiedlichen Branchen an der Umfrage beteiligt. Die Umfrage fand überwiegend im Mai 2005 statt. Die Auswertung wurde im August 2005 abgeschlossen.

Da es in einigen Fällen kaum möglich zu unterscheiden ist, ob die Antworten der befragten Unternehmen auf objektiven Beobachtungen oder auf eigenen subjektiven Interpretationen basieren, müssen insbesondere Kommentare der Befragten mit Vorsicht betrachtet werden.

6.1. Vorbereitung

Bei der Suche nach potentiellen Partnern in Russland empfiehlt Kachcharova (2001, S. 12), möglichst früh und direkt Kontakt aufzunehmen. Bereits bestehende Netzwerke, persönliche Empfehlungen oder direkte Kontakte auf Messen oder Kooperationsbörsen sind ihrer Meinung nach der beste und effektivste Weg dafür. Darüber hinaus verweisen Baumgart und Jänecke (2000, S. 134) auf die Notwendigkeit, Kontakte zu Behörden und staatlichen Einrichtungen, die in irgendeiner Weise ein Projekt oder einen Geschäftsabschluss beeinflussen könnten, frühzeitig herzustellen.

Will man in Russland erfolgreich verhandeln, so muss viel Zeit in die Vorbereitung investiert werden. Neben den Informationen über den Markt, Konkurrenz, wirtschaftliche, rechtliche und politische Rahmenbedingungen soll man sich vor allem über Land und Leute, Geschichte und Kultur informieren, um den russischen Partner, seine Denk- und Verhaltensweisen nachvollziehen zu können. Diese Informationen können spätestens bei der ersten Begegnung von Nutzen sein und den Einstieg erleichtern.

Kachcharova (2001, S. 9) warnt davor, alle Menschen in Russland als Russen anzusehen und so zu behandeln. Russland ist ein multiethnischer Staat mit mehr als 130 Nationalitäten und Völkerschaften mit eigener Geschichte, Tradition und Geschäftskultur (siehe Anhang B, S. 104). Besonders, wenn man in einer der Regionen Russlands verhandelt, können Kenntnisse über diese Region, Nationalität des Partners und damit verbundene Eigenheiten von großer Bedeutung sein.

Es kann sich als hilfreich erweisen, in Erfahrung zu bringen, wie in Russland Verhandlungsteams aufgestellt werden und was noch wichtiger ist, welche Position der Verhandlungsführer im Unternehmen bekleidet und über welche Entscheidungsbefugnis dieser verfügt. Entsprechend den Ausführungen von Yoosefi und Thomas (2003, S. 30, 33) kann nur der Generaldirektor eine Entscheidung treffen. Er werden im Gegensatz zu Deutschland keine Entscheidungsbefugnisse an Untergebene delegiert, auch wenn diese über Wissen, Erfahrung und Kompetenz verfügen. Hat der russische Verhandlungsführer einen höheren Rang als der Verhandlungsführer des eigenen Teams, so kann nach Lukaschuk (2002, S. 12, 20-24) eine Verhandlung auf gleicher Ebene nicht stattfinden (Hierarchiebewusstsein). Als Konsequenz daraus ergibt sich die Notwendigkeit, darauf zu achten, dass sowohl in der russischen Verhandlungsdelegation als auch im eigenen Team Generaldirektor bzw. Geschäftsführer vertreten sind.

Laut Frank (2004b) setzt sich das russische Verhandlungsteam oft aus alt gedienten und erfahrenen Experten zusammen und spricht zumeist mit einer Stimme, und zwar mit der des Verhandlungsführers. Das ist in der Regel der Generaldirektor, der von fachlich kompetenten Experten unterstützt wird. Es kann aber auch passieren, dass mit dem Mittelsmann verhandelt wird, der keine Entscheidungsgewalt hat. Aus diesem Grund empfiehlt Frank, gleich zu Beginn der Verhandlung herauszufinden, ob man es tatsächlich mit dem Entscheidungsträger zu tun hat.

Auch wenn nur mit einer Stimme gesprochen wird, vertritt das gesamte russische Team seine Interessen geschlossen. Dies signalisiert die Festigkeit seiner Verhandlungsposition. Werden bei dem ausländischen Partnern Uneinigkeiten unter den Teammitgliedern wahrgenommen, wird das als Schwäche gesehen und als Angriffsfläche genutzt (Kachcharova 2001, S. 27).

Vor der eigentlichen Verhandlung findet ein reger Briefwechsel per Fax, e-Mail oder Post statt. Vieles wird bereits bei diesem Briefwechsel geklärt, deswegen weisen Kachcharova (2001, S. 21) und auch Baumgart und Jänecke (2000, S. 144f) darauf hin, die gesamte Korrespondenz sorgfältig aufzubewahren und bei der Verhandlung zur Hand zu haben, da die russische Seite erfahrungsgemäß des Öfteren auf bestimmte Aussagen aus dem Briefwechsel verweist. Außerdem könnte man sich selbst auf bestimmte Äußerungen berufen, besonders wenn ein Verhandlungspartner ausgewechselt wird.

Die Ergebnisse der Umfrage haben gezeigt, dass nur 8,3% der befragten Unternehmen den Ratschlag, sich intensiv auf eine Verhandlung vorzubereiten und möglichst viele Informationen zu beschaffen, nicht befolgt haben. Die Mehrheit der Unternehmen hat sich vor allem Informationen über die Zielbranche, gesetzliche Bestimmungen und das Unternehmen, mit dem verhandelt werden soll, beschafft. Welche Informationen in jeder Kategorie favorisiert wurden, zeigen die Grafiken im Anhang C, S. 131f.

Neben der Informationsbeschaffung weisen zahlreiche Autoren auf die enorme Wichtigkeit der Vorbereitung der Verhandlungsteilnehmer auf eine Verhandlung mit russischen Partnern hin. Trotz dieses Hinweises haben 46,15% der befragten Unternehmen die Mitglieder ihres Verhandlungsteams nicht darauf vorbereitet. Andere Unternehmen haben vor allem lokale Erkundungen vor Ort, Fachliteratur bzw. Fachzeitschriften und Erfahrungsaustausch mit anderen deutschen Unternehmen zur Vorbereitung genutzt (siehe Anhang C, S. 127f).

In der Umfrage wurden Unternehmen danach befragt, wie sich ihr eigenes Verhandlungsteam bzw. das Team ihres russischen Partners im Bezug auf Anzahl, Geschlecht, Alter und Position der Verhandlungsteilnehmer zusammengesetzt hat. Im Hinblick auf die Anzahl gaben 66,7% der Befragten an, ein Team von 1-3 Personen zu Verhandlungen nach Russland geschickt zu haben. Bei 23% bestand das Team aus mehr als 4 und bei 8,3% aus mehr als 6 Personen. Die russischen Teams bestanden laut den Angaben der befragten Unternehmen zu 31,5% aus 1-3 Personen, zu 22,5% aus mehr als 4 und zu 10% aus mehr als 6 Personen. 22,5% sagten aus, an mehreren Verhandlungen teilgenommen zu haben und mit Teams verschiedener Größen, ohne näher auf die Anzahl einzugehen, verhandelt zu haben. Diese Ergebnisse zeigen, dass etwa zwei Dritteln der deutschen Unternehmen mit kleinen Teams anreisen, während es bei den russischen Partnern nur bei einem Drittel der Fall ist. Inwieweit diese Angaben eine Interpretation zulassen, dass russische Unternehmer jüngerer Generation sich mehr der westlichen Vorgehensweise anpassen, während Unternehmer älterer Generation sich an den alten Gewohnheiten orientieren und eher mit einem großen Team in eine Verhandlung gehen, kann nicht bestimmt werden, da die Frage nach dem Alter der russischen Verhandlungsteilnehmer weitgehend unbeantwortet blieb. Im Bezug auf Geschlecht oder Position der Verhandlungsteilnehmer gab es keine gravierenden Unterschiede (siehe Anhang C, S. 125). Interessant ist nur, dass laut Angaben der 44 Unternehmen, die auf die Frage nach der Position der eigenen Teammitglieder geantwortet haben, nur 24 mit einem Geschäftsführer zu einer Verhandlung angereist sind. D.h., dass nur 54% mit einem nach russischem Verständnis (nur der Generaldirektor trifft alle Entscheidungen) befugten Entscheidungsträger in eine Verhandlung gegangen sind. Es überrascht auch, dass nach Angaben der befragten Unternehmen nur

61,5% der russischen Verhandlungsteams mit einem Geschäftsführer im Team verhandelt haben. Denn laut Lukaschuk und auch Yoosefi und Thomas (siehe S. 71) können ergebnisreiche Verhandlung nur dann geführt werden, wenn direkt mit dem Generaldirektor gesprochen wird. Dies setzt voraus, dass auf gleicher Ebene, d.h. mit einem Geschäftsführer, der das deutsche Unternehmen vertritt, verhandelt wird. Diese Erfahrung haben auch einige Unternehmen gemacht. Sie haben explizit auf die steilen Hierarchien in russischen Teams und die damit verbundene langwierige Entscheidungsfindung hingewiesen und ausgesagt, dass Entscheidungen nur auf höchster Ebene getroffen werden.

6.1.1. Verlauf

Findet eine Verhandlung in Russland statt, so ist es üblich, dass man am Flughafen abgeholt und oft in deutscher Sprache begrüßt wird, da viele Manager und Beamte in der ehemaligen DDR studiert und die Sprache dort erlernt haben. Zudem sprechen besonders jüngere Unternehmer zunehmend Englisch.

Trotz guter Deutsch- bzw. Englischkenntnisse werden Verhandlungen aus taktischen Gründen meist auf Russisch geführt. Deshalb empfiehlt Frank (2003), einen vertrauensvollen Dolmetscher bei jeder Verhandlung dabei zu haben.

Die Etikette bei Geschäftstreffen entspricht in Russland im Wesentlichen westlichen Gepflogenheiten, allerdings kann den Geschäftsfrauen auffallen, dass männliche Geschäftspartner, insbesondere ältere Russen sie statt mit einem Händedruck mit einem Kopfnicken begrüßen und verabschieden. Nach einigen Treffen wird besonders bei der älteren Generation zur Anrede der Vorname und der Vatersname verwendet (z.B. heißt der Partner Pjotr und sein Vater Michail, so wird die Anrede Pjotr Michailowitsch verwendet). Bei den jüngeren Unternehmern werden zunehmend nur Vornamen plus „Sie" praktiziert. Bei der Vorstellung der Verhandlungsteilnehmer werden gegenseitig Visitenkarten ausgetauscht. Gute Qualität, Design und Zweisprachigkeit der Karten (englisch-russisch, deutsch-russisch) sind für den ersten Eindruck beim russischen Geschäftspartner äußerst wichtig. Eine Visitenkarte sollte laut Kachcharova (2001, S. 16-18) neben dem Vornamen, Namen und den Unternehmensdaten auch die eigene Position im Unternehmen und den akademischen Grad beinhalten.

Ebenfalls ungemein wichtig für den ersten Eindruck ist das Auftreten, gemäß der Position, die man selbst im Unternehmen bekleidet. In Russland wird sehr viel Wert auf Statussymbole wie das Auto, mit dem man zur Verhandlung kommt, Schmuck, Uhren, teuere Anzüge usw. gelegt. Bei dem ersten Treffen, bei dem der russische Partner erst kennen gelernt werden soll oder bei der ersten Verhandlung raten Thomas und Yoosefi (2003, S. 53, 57) dazu, sich dieser russischen Denkweise anzupassen, insbesondere, wenn mit „neuen Russen" verhandelt wird. Diese sind für ihren verschwenderischen Umgang mit Geld und das zur Schau stellen dessen, was sie haben, bekannt (Thomas/ Yoosefi 2003, S. 53, 57).

Die erste Begegnung mit russischen Partnern geht eher ruhig und formell von statten, besonders in der Anbahnungsphase. Für Russen sind Verhandlungen eine ernste Angelegenheit, und so verhalten sie sich auch. Humor und Lockerheit haben da keinen Platz. Trotz der anfänglichen Formalität sind Russen stark personenorientiert. Deshalb ist für einen erfolgreichen Geschäfts- und Verhandlungsverlauf wichtig, zuerst eine persönliche Beziehung aufzubauen und ein angenehmes Gesprächs- und Verhandlungsklima zu schaffen. Für einen guten Einstieg eignen sich solche Themen wie positive Eindrücke von Land und Leuten, Familie oder Freizeitaktivitäten. Vermieden sollen Themen über Politik, kommunistische Ära und Tschetschenienkrieg sowie allgemeine Kritik über den Zustand russischer Städte. Ist der erste Schritt getan, verlaufen weitere Treffen, Begrüßungen und der Umgang miteinander viel entspannter und informeller. Die Schaffung einer freundschaftlichen Atmosphäre nimmt sehr viel Zeit in Anspruch, deswegen empfiehl es sich, genügend Zeit für Gespräche, Firmenbesichtigungen, Behördengänge und Freizeitverbringung einzuplanen. Bei den jüngeren Privatunternehmern ist die Eröffnungsphase relativ kurz. Sie kommen viel zügiger und zielgerichteter zu Sachthemen als die älteren Manager oder Direktoren früherer Staatsbetriebe, mit denen die ersten Treffen eher zehflüssiger ablaufen. Bestimmte emotionale Gesten wie Annerkennung und Wertschätzung können hier ihr Übriges tun (Kachcharova 2001, S. 19).

In Bezug auf die Gestaltung von Visitenkarten sowie Image- und Produktunterlagen gaben etwa 17,2% der Befragten an, einsprachige Visitenkarten in Deutsch oder in Englisch dem russischen Partner überreicht zu haben. 80,8% haben ihre Visitenkarten zweisprachig gestaltet (siehe Anhang C, S. 133).

55,8% der deutschen Unternehmen sind zu Verhandlungen nach Russland mit einem Dolmetscher angereist. 44,2% verhandelten ohne Hilfe eines Dolmetschers. Von diesen 44,2% waren 13,6% auf einen Dolmetscher nicht angewiesen, da sie über russischsprachige Mitarbeiter verfügen. Alle anderen haben sich in Deutsch, Englisch oder Russisch verständigt (siehe Anhang C, S. 134). Dies widerspricht der Aussage von Frank (2003), dass Russen meistens in russischer Sprache verhandeln.

Bei der Umfrage wurde keine explizite Frage zum Thema Beziehungsaufbau und –pflege gestellt. Trotzdem haben viele Unternehmen sich durch ihre Kommentare dazu geäußert und damit die Ausführungen aller in der vorliegenden Arbeit erwähnten Autoren im vollen Umfang bestätigt.

6.1.2. Russische Verhandlungstypen

Baumgart und Jänecke (2000, S. 132f) unterscheiden in Russland zwei Typen russischer Verhandlungspartner, die sich in ihrem Verhandlungsstil deutlich voneinander abheben (siehe Anhang B, S. 112). Zum einen sind es Vertreter der älteren Generation ab Mitte 40, die entweder in der ehemaligen Sowjetunion im Außenhandel tätig waren und daher sehr gut mit den westlichen Geschäftspraktiken vertraut sind oder solche, die als Führungskräfte an der Spitze der ehemaligen sowjetischen Staatsbetriebe standen und über keinerlei Auslandserfahrungen verfügen In ihrem Auftreten verhalten sich die Vertreter älteren Generation autoritär und konservativ. Ihre Kompromissbereitschaft ist eher gering ausgeprägt. Umso größer sind ihr Sicherheitsbedürfnis und ihre Abneigung gegen plötzliche Änderungen und neue Ideen (Kachcharova 2001, S. 22). Die mangelnde Flexibilität und Unnachgiebigkeit können allerdings aus Unwissen und mangelndem Verständnis für neue Vorschläge resultieren, die Russen möglichst nicht zeigen wollen aus Angst vor Gesichtsverlust (Baumgart/Jänecke 2000, S. 139). Zum anderen handelt es sich um Vertreter jüngerer Generation. Die erste Gruppe bilden solche Leute, die eine solide wirtschaftswissenschaftliche Ausbildung entweder in Russland ansässigen oder in einer der westlichen Business-Schools abgeschlossen haben. Sie verfügen in der Regel über praktische Auslandserfahrungen, Fremdsprachen- und Computerkenntnisse. Die zweite Gruppe besteht aus ehemaligen Akademikern und Wissenschaftlern, die Aufgrund mangelnder Bezahlung in den staatlichen Forschungs- und Wissenschaftseinrichtungen gezwungen waren, ihr Wissen in ein eigenes Geschäft zu investieren. Dieser Gruppe fehlt es an kaufmännischer Erfahrung, dafür zeichnen sie sich durch ihre Kreativität aus (Baumgart/Jänecke 2000, S. 133f). Jüngere Geschäftspartner vertreten in den meisten Fällen ihre eigenen Unternehmen. Dabei gehen sie ziel- und aufgabenorientiert vor, sind offener gegenüber Kompromissen und empfänglich für rationale und sachliche Argumentationen. Sowohl die jüngere als auch die ältere Generationen zeichnen sich durch eine starke Personenorientiertheit, die den Fortgang jeder Verhandlung beeinflusst. Bei jungen russischen Geschäftsleuten kommt sie eher bei einem erfolgreichen Geschäftsabschluss zum Tragen, während das ältere „Semester" zunächst den Partner kennen lernen will, bevor es überhaupt zum Geschäft kommt (Kachcharova 2001, S. 22f). Kurze Charakteristiken der russischen Verhandlungstypen wurden in einer Tabelle (siehe Anhang B, S. 113) zusammengefasst. Neben den beiden beschriebenen Verhandlungstypen ist noch eine wietere Gruppe zu erwähnen. Hierbei handelt es sich um „Nowyje Businessmeny" also um „neue Geschäftsmänner". Das sind meist junge Russen, die mit Service- und Handelsgeschäften überwiegend im Finanzdienstleistungssektor, Konsumgütervertrieb und IT-Bereich in den neunziger Jahren sehr schnell zu Geld und Erfolg gekommen und dadurch von sich eingenommen sind. Sie mögen keine Belehrungen von westlichen Geschäftsleuten und verweisen auf ihren schnellen Erfolg unter erschwerten Bedingungen. Die „neuen Russen" diktieren das Tempo einer Verhandlung. Sind sie einmal involviert, kann es ihnen nicht schnell genug gehen (Frank 2004b).

6.1.3. Vertrag und seine Erfüllung

Bei diesem Thema gehen die Meinungen in der Literatur weit auseinander. Baumgart und Jänecke (2002, S. 136) beurteilen den Grad der Rechtsverbindlichkeit von schriftlichen Verträgen als eher hoch. Daebner und Hennrich (2001, S. 196f) vertreten die gleiche Meinung und bezeichnen die Russen als sehr verlässlich. Die einzigen Probleme, die ihrer Ansicht nach auftreten können, sind bei den Zahlungen zu erwarten. Frank (2003) vertritt eine völlig gegensätzliche Meinung. Nach seiner Aussage hat ein ausgearbeitetes und unterschriebenes Vertragswerk nicht viel Wert, da Zusagen wie etwa Lieferfristen in Russland fast gar nichts bedeuten. Auch mündliche Vereinbarungen sind laut Frank (2004c) wenig verbindlich. Daher sollten alle Verhandlungsergebnisse detailliert schriftlich fixiert werden, unabhängig davon, ob bestimmte Vereinbarungen teilweise oder bereits vollständig getroffen worden sind. Frank sagt weiterhin, dass Russen dazu neigen, Verträge schwammig zu formulieren, um sich so genügend Spielraum für Interpretationen freizulassen. Dieser weiten Vertragsauffassung kann man, seiner Meinung nach, mit offiziellen Dokumenten entgegenwirken. Offizielle Dokumente, die für genehmigungspflichtige Geschäfte notwendig sind oder Vorlagen von Steuerbehörden oder dem Zollamt haben in Russland einen sehr hohen Stellenwert und werden genauestens befolgt.

Trotz der unterschiedlichen Auffassung der Autoren bezüglich der Vertragstreue russischer Partner, sind sich alle Autoren in einem Punkt einig. Alle betonen die Bedeutung einer freundschaftlichen Beziehung zwischen den Partnern und deren Auswirkung auf die Erfüllung getroffener Vereinbarungen und stufen eine Beziehung höher als jede vertragliche Absicherung ein.

Denz und Eckstein (2001, S. 76) empfehlen in jedem Fall, eine Schiedsklausel im Vertrag aufzunehmen und bereits dort festzulegen, welches Schiedsgericht im Streitfall entscheiden soll. Traditionsgemäß wird in Russland das Schiedsgericht der Handelskammer von Stockholm oder Paris bevorzugt.

83,3% der Befragten gaben an, sich mit ihren russischen Partnern geeinigt zu haben. Nur bei 8,3% wurden die Verhandlungen abgebrochen. Bei weiteren 8,3% steht eine Entscheidung noch aus. 34% der befragten Unternehmen haben neben dem schriftlichen Vertragswerk weitere mündliche Vereinbarungen akzeptiert. Insgesamt waren fast 90% der Befragten mit den Ergebnissen der Verhandlungen völlig (21,3%) bis einigermaßen (68,1%) zufrieden. Trotz des hohen Zufriedenheitsgrades bemängelten viele Unternehmen die Vertragstreue und die Verbindlichkeit der russischen Partner (siehe Anhang C, S. 137f, 140f).

6.1.4. Pflege sozialer Beziehungen im Rahmen einer Verhandlung

In Russland gehört ein Geschäftsessen zu Verhandlungen dazu und dient in erster Linie zum Aufbau oder Vertiefung einer persönlichen Beziehung. Geschäftliche Probleme werden dabei außen vor gelassen. Diese werden vorzugsweise in Geschäftsräumen des Partners behandelt (Kachcharova 2001, S. 37). In der Regel werden die Geschäftspartner in ein Restaurant eingeladen, wo auf die Vertragsunterzeichnung angestoßen wird. Der erste Trinkspruch (rus. *tost*) ist immer dem Gastgeber vorbehalten. Danach sollte laut der Empfehlung von Frank (2004a) der westliche Geschäftspartner einen Trinkspruch (vorzugsweise in Russisch), in dem er den Gastgeber lobt, ausbringen. Dies schafft nach seiner Auffassung ein gutes Klima für die weitere Zusammenarbeit.

Ein Geschäftsessen kann nur durch eine Privateinladung nach Hause überboten werden. Diese ist laut Frank (2003) sehr selten und daher ein besonderer Vertrauensbeweis seitens des russischen Partners, der unter keinen Umständen abgelehnt werden darf.

Der Austausch von Geschenken ist sowohl bei privaten Einladungen als auch im Geschäftsleben durchaus verbreitet. In beiden Fällen raten Kachcharova (2001, S. 31) und auch Baumgart und Jänecke (2000, S. 109) solche Geschenke mitzubringen, die eine Beziehung zum Schenkenden, seinem Land oder seiner Heimatstadt ausdrücken (z.B. Souvenirs, Bildbände usw.). Bei Geschäftsterminen können auch solche Geschenke, die in Verbindung zum Unternehmen stehen, überreicht werden (Kugelschreiber, Solartaschenrechner, hochwertige Kalender usw.). Die Autoren empfehlen weiterhin, den Wert und die Anzahl der Geschenke in Grenzen zu halten und diese nur zu bestimmten Anlässen wie erfolgreicher Abschluss, Erreichung eines Etappenziels, informelles Geschäftsessen zur Vertiefung des Kontakts, Jahreswechsel, Feiertage und private Einladungen zu schenken.

6.2. Verhandlungsstrategien und -taktiken

6.2.1. Russische Verhandlungsführung

In diesem Kapitel wird die russische Verhandlungsführung vorgestellt und der Bezug zu den drei Verhandlungstheorien, die jeweils unterschiedliche Vorgehensweisen beschreiben, hergestellt.

Nach Ausführungen von Kachcharova (2001, S. 25) betrachten Russen eine Verhandlung eher als einen Wettkampf, bei dem es nur einen Gewinner geben kann. Sie verhandeln sehr hart und ausdauernd und gehen entschlossen, zum Teil auch rücksichtslos, zum Angriff über. Erst, wenn sie auf hartnäckigen Widerstand seitens des Partners treffen, sind sie zu Zugeständnissen bereit. Allerdings hinterlassen Kompromisse beim russischen Partner einen Beigeschmack der Niederlage. Zu frühe Kompromissbereitschaft der Gegenpartei legen Russen als Schwäche aus. Daher gilt es, Zugeständnisse im richtigen Moment zu unterbreiten und zu verdeutlichen, dass dies nicht aus Schwäche heraus geschieht, sondern ein Zeichen des Respekts gegenüber dem Partner ist und aus Interesse an einer langjährigen Partnerschaft resultiert. Kachcharova (2001, S. 25f) warnt davor, Zugeständnisse zu machen, ohne dass eine Gegenleistung erfolgt. Entsprechende Punkte empfiehlt die Autorin vorab im ersten Vertragsentwurf zu bestimmen, um im Verlauf der Verhandlung diese als Konzessionen aufgeben zu können und sich so genügen Verhandlungsspielraum zu lassen.

Russen sind gegenüber Bazartechniken nicht abgeneigt. Sie versuchen oft, bereits getroffene Vereinbarungen in der nächsten Verhandlungsrunde wieder aufzunehmen und neu darüber zu verhandeln. Begegnen kann man diesem Verhalten mit regelmäßiger Führung der Protokolle, in denen alle Teil- bzw. Endergebnisse festgehalten werden (Frank 2004c und Kachcharova 2001, S. 26).

Russische Verhandler sind dafür bekannt, eine Verhandlung als ein Schachspiel zu führen und mehrere Schritte im Voraus zu planen. Deswegen kann keine allzu hohe Flexibilität bei Änderungen oder neuen Vorschlägen erwartet werden. Außerdem ist das Sicherheitsbedürfnis der Russen nach wie vor sehr groß. Erlaubt ist das, was den Regeln entspricht (Frank 2004b). Daher setzen Russen eher auf altbewährte Lösungen und verschließen sich all zu oft vor innovativen und risikoreicheren Alternativen (Baumgart/Jänecke 2000, S. 141).

Besonders hart wird in Russland über Preise verhandelt. Westliche Verhandlungspartner sehen sich oft konfrontiert mit überzogenen

Preisvorstellungen ihrer russischen Partner, da diese davon ausgehen, dass der westliche Partner ihnen dabei entgegen kommt (Baumgart/Jänecke 2000, S. 146f). Die Preisvorstellungen der Russen resultieren laut Frank (2003) aus niedriger Kapazitätsauslastung der Großbetriebe. Sie rechnen einfach die Vollkosten auf die geringe Auslastung um. Oft wollen russische Geschäftspartner westliche Preise erzielen. Nennt die Gegenseite aus ihrer Sicht realistische Preise, so reagieren viele Russen beleidigt und fühlen sich nicht ernst genommen. Bei dieser Kernfrage rät Kachcharova (2001, S. 28), die sachlichen Aspekte herauszustellen und den russischen Partner nicht durch Misstrauen in seinem Selbstwertgefühl zu verletzen. Da russische Verhandlungspartner oft wenig Erfahrung haben, besteht ein hoher Aufklärungsbedarf. Dabei sollen die Erläuterungen nie respektlos oder belehrend wirken, da der russische Partner immer darauf bedacht ist, sein Gesicht zu wahren. Gibt es auf russischer Seite eine Frage oder ein Problem, so werden von der westlichen Seite schnelle Antworten und Lösungen erwartet. Geschieht dies nicht, werden Russen oft ungeduldig. Wird jedoch eine Gegenfrage gestellt oder ein Angebot unterbreitet, kann es sehr lange dauern, bis man eine Antwort erhält. Auch hier gilt, Ausdauer, Geduld und genügend Zeit mitzubringen und sich nicht unter Druck setzen zu lassen (Frank 2004b). Wenn der richtige Partner gefunden und eine freundschaftliche Beziehung zu ihm aufgebaut wurde, so steht einer dauerhaft guten Geschäftsverbindung nichts im Weg. Es ist für Russen einfach nicht denkbar, einen Freund zu betrügen. Sie würden sogar soweit gehen, ein für sie vorteilhaftes Geschäft auszuschlagen, wenn dieses Geschäft bereits einem Freund zugesagt wurde. Die Freundschaft mit einem Russen ist allerdings mit bestimmten Erwartungen verbunden. In erster Linie wird unbedingte Loyalität vorausgesetzt (Baumgart/Jänecke 2000, S. 69). Kleine Gefälligkeiten gehören ebenfalls dazu. So kann es vorkommen, dass sich der russische Partner ziemlich direkt und offen an seinen Partner mit der Bitte wendet, für seine Kinder Informationen über Studienmöglichkeiten bzw. einen Praktikumsplatz in Deutschland zu beschaffen oder einen Geschäftskontakt herzustellen. Für diese Gefälligkeit wird er sich selbstverständlich revanchieren, denn insbesondere im Geschäftsleben Russlands gilt das

„eine-Hand-wäscht-die-andere-Prinzip". Deswegen soll sich der ausländische Partner nicht davor scheuen, seinen russischen Partner bei bestimmten Problemen wie etwa Behördengänge oder Vermittlung von Kontakten um Hilfe zu bitten. Diese Bitte wird sogar als ein Vertrauensbeweis angesehen. Nichtsdestotrotz gilt es, den Aufwand und den Nutzen solcher Gefälligkeiten abzuwägen und nicht generell auf alle Wünsche des Partners einzugehen. Besteht ein ernsthaftes Interesse am Zustandekommen des Geschäfts und hält sich der Aufwand in Grenzen, so kann eine oder andere Bitte des Partners erfüllt werden. Ist es allerdings nicht möglich, ist diplomatisches Geschick gefragt. Eine direkte Absage würde den russischen Partner kränken und somit das Fortkommen einer Verhandlung gefährden (Baumgart/Jänecke 2000, S. 81 und Kachcharova 2001, S. 40f).

6.2.2. Übertragbarkeit der Verhandlungstheorien auf die Wahl einer Strategie

Bei der Vorbereitung und Ausarbeitung einer Verhandlungsstrategie können theoretische Ansätze als Grundkonstrukt dienen und wichtige Hinweise liefern. Man muss sich allerdings im Vorfeld Gedanken darüber machen, inwieweit diese Theorien auf eine Verhandlung mit ausländischen Partnern, hier Russen, übertragbar sind und der Verhandlungsführung der russischen Partner gerecht werden.

Wenn die oben beschriebene Vorgehensweise eines russischen Verhandlers mit den drei Theorien abgeglichen wird, so fällt auf den ersten Blick auf, dass die russische Strategie dem Machteinsatz des „dual concern" Modells entspricht. Russische Geschäftsleute sehen eine Verhandlung als einen Kampf an, bei dem es nur einen Gewinner geben kann. Auch die Tatsache, dass Russen eigene Kompromisse als eine Niederlage empfinden, spricht dafür. Trotz des harten Verhandelns legen aber Russen, anders als bei der Kampfstrategie, großen Wert auf eine persönliche, freundschaftliche Beziehung zu ihren Geschäftspartnern und sind sicherlich nicht daran interessiert, eine gute

Partnerschaft aufs Spiel zu setzen. Das Durchziehen der harten Linie ist eher dann denkbar, wenn beide Partner keine Freundschaft oder zumindest Sympathie verbindet.

Eine Zusammenarbeit im Sinne des integrativen Verhandelns ist in Russland eher auszuschließen. Dem integrativen Verhandeln liegt in erster Linie die Notwendigkeit zugrunde, gegenseitig Informationen über Interessen und Ziele auszutauschen und auf diesem Wege nach einer kreativen gemeinsamen Lösung zu suchen. Zum einen widerstrebt es Russen, Informationen preiszugeben und zum anderen würden sie sich tendenziell für erprobte und bewährte Lösungen entscheiden (Unsicherheitsvermeidung), anstatt sich mit neuartigen Alternativvorschlägen auseinanderzusetzen. Dafür spricht ihr großes Bedürfnis nach Sicherheit, das mit dem Misstrauen gegenüber Neuem einhergeht.

Das Harvard-Konzept bietet ebenfalls keine adäquate Vorgehensweise, da die meisten Grundsätze der russischen Art der Verhandlungsführung grundlegend widersprechen. Bei einer Verhandlung mit russischen Partnern lässt sich die Sachlichkeit häufig von persönlichen Sachverhalten nicht trennen (Personenorientierung, Emotionalität, Beziehung). Diese Trennung schadet eher, da so ein Vorgehen als distanziert und kühl empfunden wird und eine Beziehung unwiderherstellbar belasten kann. Deswegen kann die emotionale Ebene nicht vernachlässigt werden. Es kann eher hilfreich sein, neben der sachlichen und geschäftlichen Kommunikation auch Emotionen zu übermitteln. Positive Emotionen können eine Beziehung verbessern und somit die Zusammenarbeit erleichtern. Wird der Partner gekränkt, erschweren sich die Bedingungen, so dass es problematisch sein wird, etwas zu erreichen. Da helfen auch die besten überzeugenden Argumente nicht, sie werden einfach überhört.

Der zweite Grundsatz (die Interessen sind wichtig, nicht die Positionen) sowie der dritte Grundsatz (vor einer Entscheidung möglichst viele Alternativen entwickeln und berücksichtigen) werden bei der Umsetzung eher problematisch sein. Hier geht es ähnlich wie beim integrativen Verhandeln darum, Informationen offen auszutauschen und Interessen beider Parteien in Einklang zu bringen. Der dritte Grundsatz setzt außerdem voraus, dass auf der Basis gewonnener Informationen möglichst viele innovative Vorschläge ausgearbeitet und einer Entscheidung zugrunde gelegt werden sollen. Beide Aspekte, Offenlegung von Informationen und Unsicherheitsvermeidung, wurden bereits oben beschrieben (integratives Verhandeln).

Der vierte Grundsatz (objektive Kriterien zur Qualitätsmessung des Verhandlungsergebnisses definieren) würde in Russland funktionieren, da sich auch Russen den objektiven Kriterien oder solchen, die bereits erprobt sind, nicht verschließen würden. Dies setzt aber eine vertrauensvolle Beziehung zu seinem Partner voraus. Herrscht zwischen beiden Parteien Misstrauen, so könnten Russen sich auch gegenüber sinnvollen Argumenten verschließen.

Bei der Wahl einer Strategie sollten alle diese Aspekte berücksichtigt werden und eine individuelle Vorgehensweise, in Abhängigkeit davon, wie gut man den Partner bereits kennt oder welcher Unternehmergeneration der Partner zuzuordnen ist, ausgearbeitet werden. Die ausgewählte Strategie sollte eigene Zielerreichung nicht gefährden, aber auch genug Raum für flexibles Agieren und Reagieren lassen.

6.2.3. Bevorzugte Taktiken russischer Verhandlungspartner

Um möglichst viele Zugeständnisse und bessere Preise zu erzielen, setzen Russen auf eine Reihe von Taktiken, die anderen Verhandlungsteilnehmern als unangebracht erscheinen können. Eine bevorzugte Taktik ist das „Aussitzen" von Problemen. Auf diese Weise wird der Partner unter Zeit- und Entscheidungsdruck gesetzt, was oft zum gewünschten Effekt führt. Nicht selten sind auch emotionale Ausbrüche. Sie sollen den Partner in erster Linie irritieren (Daeubner/Hennrich 2001, S. 197 und Kachcharova 2001, S. 28). Dazu gehört auch, dass die russische Seite während der Verhandlung mehrere Male den Verhandlungsraum verlässt, um sich zu beraten. Auch für das andere Team empfiehl es sich, es dem russischen Team gleich zu tun und auch noch so unbedeutende Einzelheiten nur in einem separaten Raum zu besprechen. Ein Zeichen von Uneinigkeit im Team wird laut Morrison et al. (1994, S. 315) sofort als Schwäche ausgelegt.

Eine weitere Taktik ist das Ablehnen der Vorschläge und Angebote der ausländischen Seite (Nein-Taktik). Dies gehört laut Baumgart und Jänecke (2000, S. 112f) fast zu einer alten russischen Tradition. Es wird abgelehnt und abgewartet, was sich weiter ergibt. Dies heißt aber nicht, dass in einem solchen Fall ein „Nein" auch ein „Nein" bedeutet. Die Autoren empfehlen hier ebenfalls abzuwarten und im richtigen Moment vorsichtig nachzuhacken, um ein Angebot wieder ins Spiel zu bringen (Daeubner/Hennrich 2001, S. 197).

Das alles ist die übliche Praxis in russischen Verhandlungen. Der Partner soll auf die Probe gestellt und zermürbt werden, um ihm doch noch weitere Zugeständnisse abzubringen (Frank 2004b). Bei allen diesen Taktiken spielt der Zeitfaktor die entscheidende Rolle. Um diesen Faktor noch weiter ausreizen zu können, kann es passieren, dass die russische Seite die Verhandlungen wegen Feiertagen oder sogar Vorfeiertagen, wegen neuer gesetzlichen Bestimmungen, die gerade in Kraft getreten sind oder wegen der Notwendigkeit, bestimmte Entscheidungen der obersten Etage vorlegen und auf ihre Zustimmung warten zu müssen, verschiebt (Baumgart/Jänecke 2000, S. 142, 150).

Insgesamt haben 48 Unternehmen auf die Frage nach eigenen Taktiken und 42 Unternehmen auf die Frage nach angewanden Taktiken seitens der russischen Geschäftspartner geantwortet. Im Bezug auf eigene Taktiken haben 40 der Befragten bei sich und nur 20 der Befragten beim russischen Partner Sachargumentation als Taktik angegeben. Die in der Literatur beschriebenen Taktiken, die charakteristisch für die russische Verhandlungsführung sind (Nutzung von Hierarchien und Aussitzen), kamen laut der Umfrage bei etwa einem Drittel der russischen Partner zum Einsatz, während es bei den deutschen Unternehmen nur bei 7 bzw. 3 der Befragten der Fall war (siehe

Anhang C, S. 135f). Dies lässt eine Tendenz erkennen, die kon-form mit den Ergebnissen der Literaturrecherchen geht.

6.3. Auswirkungen russischer Kultur und Mentalität auf den Erfolg einer Verhandlungen

6.3.1. Informelle Netzwerke und Bürokratie

In Russland existiert ein mächtiges System, das seit jeher seine Gültigkeit hat. Die Rede ist von informellen Netzwerken, zu Russisch *blat*. Nirgendwo ist es so wichtig, beim Aufbau eines Geschäftes die richtigen Leute zu kennen und die passenden Kontakte zu haben. Idealerweise sind es Verwandte oder Personen, denen man seinerzeit geholfen hat, denn für jede Leistung wird in Russland eine Gegenleistung erwartet. Dies wird nach Auffassung von Zhelvis (2002, S. 23) nicht als Bestechung gesehen, da ja keine Gelder fließen. Anders ist es im öffentlichen Bereich. Wird eine Genehmigung seitens der Behörden benötigt, so kann es passieren, dass diese verschleppt oder einfach nicht ausgestellt wird. Dies stellt viele westliche Geschäftsleute auf Probe und führt zu Frustrationen. Um der russischen Beamtenwillkür und Bürokratie zu entkommen, muss man einflussreiche Menschen kennen. Der Aufbau eines Netzes von Kontakten nimmt zwar viel Zeit in Anspruch, ist aber auch in heutigem Russland einer der wichtigsten Managementinstrumente. Will man allerdings innerhalb eines Netzwerkes bestehen, muss man sich laut Denz und Eckstein (2001, S. 71) auch nützlich machen können. Bestehen keine Beziehungen zu wichtigen Personen, so kann mit Bestechung nachgeholfen werden. Bestechungen und Korruption gehören in Russland zum Alltag. Deren Existenz erklären Thomas und Yoosefi (2003, S. 73-85) mit schlechter Bezahlung der Beamten, die sich gezwungen sehen, ein Zubrot zu verdienen. Die Beamten sehen die zu erledigende Angelegenheit nicht als Pflicht, sondern als einen Gefallen, der entsprechend zu honorieren ist. Will man also Geschäfte in Russland machen, so muss man sich mittelbar oder unmittelbar auf die Korruption einlassen.

6.3.2. Kommunikationsstil russischer Verhandlungspartner

6.3.2.1. Verbale Kommunikation

Die besondere Stellung Russlands zwischen Asien und Europa spiegelt sich bei der Kommunikation wieder. Einerseits sprechen Russen direkt ohne Umschweife, wie es auch in Westeuropa üblich ist, andererseits legen sie viel Wert auf die Wahrung des Gesichts und auf gegenseitigen Respekt, wie es Chinesen oder Japaner tun. So werden Belehrungen oder dominanter Ton als kränkend empfunden (Frank 2004a). Zweifel an russischen Vorschlägen, deren Ablehnung oder gar Kritik daran empfehlen Baumgart und Jänecke (2000, S. 141) sehr diplomatisch und mit viel Taktgefühl zu äußern. Der Aufbau einer persönlichen Beziehung und das gegenseitige Vertrauen sind in Russland ähnlich wie in China absolut notwendig. Allerdings ist die Dauer der Kennenlernphase davon abhängig, ob mit einem Vertreter älterer oder jüngerer Generation verhandelt wird. Dieser Aspekt wurde bereits im Kapitel 6.1.1 behandelt.

6.3.2.2. Paraverbale Kommunikation: Emotionen in einer Verhandlung

Der Verhandlungsstil der Russen ist sehr temperamentvoll und launisch und ähnelt dem Stil südeuropäischer Manager. So werden Verhandlungen nicht selten begleitet von emotionalen Ausbrüchen. Es kann passieren, dass Russen mit der Faust auf den Tisch schlagen, losbrüllen oder einfach den Raum mit lautem Türknallen verlassen, während von dem Gegenüber Höflichkeit und dezentes Auftreten erwartet wird. Begegnen sollte man diesem Auftreten stets mit Ruhe und Gelassenheit (Frank 2004b). Diese starke emotionale Prägung macht den russischen Partner oft unberechenbar. Vor allem, weil seine gefühlsabhängige Entscheidungen sich nicht selten zwischen Extremen bewegen: Ein starres Festhalten an einer Begründung und im nächsten Moment ein völlig überraschender, unlogisch erscheinender Umschwung zum anderen Standpunkt oder schneller Wechsel von Herzlichkeit zur offizieller Zurückhaltung und Reserviertheit (Baumgart/Jänecke 2000, S. 75 und Frank 2004b).

6.3.2.3. Nonverbale Kommunikation beim Verhandeln mit russischen Partnern

Die Intensität der russischen Körpersprache, Mimik und Gestik hängt stark von der Situation ab. In der Öffentlichkeit oder in einer unbekannten Umgebung sind Russen eher zurückhaltend und unauffällig, während im privaten und bekannten Umfeld die Körpersprache viel ausgeprägter ist. Genauso ist es auch mit Blickkontakt. Russen neigen dazu, in einer öffentlichen Situation, aber auch bei Verhandlungen den Blick von dem Gesprächspartner abzuwenden, was von westlichen Partnern als ein Zeichen für Desinteresse und Ablehnung interpretiert werden kann. Russen empfinden dagegen den direkten Blickkontakt als sehr aufdringlich (Löwe 2002, S. 182-184).

6.3.2.3.1. Kultur der Berührung und Körpernähe

In Russland stehen Menschen, sei es bei einem Gespräch, beim Schlangestehen oder in öffentlichen Verkehrsmitteln, sehr dicht beieinander. Dabei kommt es unweigerlich zum Körperkontakt, was nicht unbedingt als unangenehm empfunden wird. Im Gegenteil, es scheint so, als würden Russen Körpernähe suchen und große Distanz, auf die Westler bei einem Gespräch bedacht sind, versuchen zu überwinden. Während Deutsche sich bei einer Distanz von etwa einem Meter wohl fühlen und jegliche Berührungen vermeiden, halten Russen in der Regel einen Abstand von nicht mal einem halben Meter ein. Sie verkleinern automatisch den zu groß gewordenen Abstand, der eventuell ganz bewusst eingehalten wurde. Dies hat zur Folge, dass Deutsche sich bedrängt und sogar angegriffen fühlen und unbewusst wieder Distanz schaffen. Russen empfinden dieses Verhalten als sehr abweisend (Löwe 2002, S. 184f und Zhelvis 2002, S. 38f).

6.3.2.3.2. Zeitverständnis im russischen Geschäftsleben

Eine Verhandlung in Russland nimmt sehr viel Zeit in Anspruch. So ist häufig von „Faktor 4" die Rede. Das bedeutet, dass man in Russland vier Mal so viel Zeit für ein vergleichbares Geschäft wie im Westen benötigt (Frank 2004a). Die Begründung dafür sehen Baumgart und Jänecke (2000, S. 141) in einer lockeren Einstellung der russischen Bevölkerung zum Faktor Zeit und zur Pünktlichkeit. Selbst im Geschäftsleben gilt „Zeit ist Zeit" und nicht „Zeit ist Geld". Daher stehen Verzögerungen, Verspätungen oder kurzfristige Absagen an der Tagesordnung und sind nichts Ungewöhnliches. Ein ausgemachter Zeitpunkt für eine Verhandlung wird eher als ein Orientierungswert aufgefasst und nicht als ein fester Termin. Verspätungen werden widerstandslos akzeptiert. Das gilt aber nicht für deutsche Partner. Deutsche Geschäftsleute werden von Russen als sehr diszipliniert, akkurat und pünktlich charakterisiert, deswegen wird bei ihnen Pünktlichkeit und Verbindlichkeit vorausgesetzt und bei einer Verspätung eine Entschuldigung erwartet. Um lange Wartezeiten zu verhindern, empfiehlt Kachcharova (2001, S. 16), eine Terminabsprache kurz vor dem Treffen telefonisch zu bestätigen. Ansonsten gilt es, Geduld zu bewahren und eine Verspätung nicht persönlich zu nehmen (Thomas/Yoosefi 2003, S. 95).

Hat man sich zu einer Verhandlung zusammengefunden, so kann man sich nicht auf einen störungsfreien Ablauf verlassen. So passiert es oft, dass der russische Partner während des Gesprächs andere Telefonate führt, seine Mitarbeiter, die auf eine Unterschrift warten, empfängt oder den Raum verlässt. Grund dafür ist das synchrone Zeitempfinden der Russen (Kachcharova 2001, S. 10 und Baumgart/Jänecke 2000, S. 128).

Von den 49 Unternehmen, die auf die Frage nach der Dauer einer Verhandlung eine Antwort gaben, haben 67,35% mehr Zeit in Verhandlungen investiert, als geplant. Dabei hat es sich um Verlängerungen von einigen Stunden bis zu mehreren Monaten gehandelt (siehe Anhang C, S. 138f). Erwähnenswert ist, dass bei den restlichen 32,65%, die ihre Verhandlungen in der geplanten Zeit durchgeführt haben, viele bereits längere Zeit, sogar bis zu einigen Jahren, dafür eingeplant haben.

Viele Unternehmen haben angegeben, dass vor allem häufige Verschiebungen und Unpünktlichkeit des Partners zu Verzögerungen und schwieriger Terminplanung führten. Einer der Befragten beschrieb den Fortgang einer Verhandlung als unkontinuierlich, da von einem Thema zum anderen gewechselt wurde (siehe Anhang C, S. 144). Diese Ergebnisse stimmen mit den Ergebnissen der Literaturrecherchen weitgehend überein.

7. Schlussbetrachtung

In der vorliegenden Arbeit wurden Verhandlungen mit russischen Partnern aus theoretischer und praktischer Sicht beschrieben. Sowohl die Theorie als auch die Praxis haben einige wichtige, für Russland charakteristische Merkmale, die sich entscheidend auf den Verhandlungsverlauf, -führung und -erfolg auswirken, zum Vorschein gebracht. Enorme Bedeutung kommt dabei der Vorbereitung auf eine Verhandlung mit russischen Geschäftspartnern zu. Diese beinhaltet in erster Linie Informationsbeschaffung über das Land, seine Geschichte, Kultur, Traditionen und Gewohnheiten, um mehr Verständnis für die Denk- und Verhaltensweisen von Russen zu entwickeln. Ausgehend von diesen Informationen erscheint die absolute Notwendigkeit, freundschaftliche Beziehung zu Geschäftspartnern aufzubauen und zu pflegen, gute persönliche Kontakte zu ausschlaggebenden Personen zu knüpfen, viel Zeit für Verhandlungen einzuplanen sowie auf Entscheidungskompetenz der Verhandlungsteilnehmer sowohl bei der eigenen Verhandlungsdelegation als auch beim Verhandlungsteam des russischen Partners zu achten, nicht mehr als ungewöhnlich und unverständlich.

Russland hat einen bedeutenden Platz zwischen zwei großen Weltkulturen und verbindet Asien und Europa miteinander. Es ist nicht überraschend, dass die russische Kultur sowohl asiatische als auch westeuropäische Elemente beinhaltet, die sich auch bei der Verhandlungsführung widerspiegeln. Tendenziell überwiegen asiatische Züge bei der Verhandlungskultur der Russen, doch zunehmend durch die junge Unternehmergeneration setzen sich westliche Geschäftsgepflogenheiten durch. Zusätzliche, nur für russische Geschäftsleute charakteristische Elemente wie z.B. Emotionalität, Abneigung gegen Kompromisse und neuartige Vorschläge, extreme Bipolarität usw. machen letztendlich den russischen Verhandlungsstil aus, der weder asiatischer noch westeuropäischer Verhandlungskultur eindeutig zuzurechnen ist.

Es sind also überwiegend kultur- und mentalitätsbedingte Faktoren, die den Ausgang einer Verhandlung beeinflussen und über Erfolg oder Misserfolg entscheiden.

Setzt man sich mit dem Land und der russischen Kultur auseinander und versucht, sich auf die Menschen einzustellen, so können viele kultur- und mentalitätsbedingte Missverständnisse und daraus resultierende Konfliktpotenziale überwunden werden, so dass die Partnerschaft zwischen russischen und deutschen Geschäftsleuten zu fruchtbaren Ergebnissen führt. Dafür spricht auch die fortschreitende Entwicklung des Landes. Russland hat in den letzten Jahren stark aufgeholt und vieles dazu gelernt. Es gibt noch viele Probleme, die nicht von der Hand zu weisen sind, doch daran wird stetig gearbeitet.

Literaturliste

Adler, N. J. [2002]: International dimensions of organizational behaviour, 4. ed., Cincinnati, Ohio: Thomson/South-Western.

AHK (Hrsg.) [2005]: Warenverkehr: deutsch-russischer Warenhandel, online im WWW, URL: http://www.ahk.de/ (Stand 2005, Abfrage 23.05.05).

Amt für multikulturelle Angelegenheiten der Stadt Frankfurt am Main (Hrsg.) [1993]: Begegnen - Verstehen - Handeln: Handbuch für interkulturelles Kommunikationstraining/Frankfurt: IKO, Verlag für Interkulturelle Kommunikation.

Baumgart, A. & Jänecke, B. [2000]: Russlandknigge: Sprachen und Kulturen, 2., aktualisierte Auflage: München, Wien: Oldenbourg Verlag.

Bierbrauer, G. [2002]: Interkulturelles Verhandeln in: F. Haft & K.v. Schlieffen (Eds): Handbuch der Mediation, München, S. 266-288.

Bundesstatistikamt Russland (Hrsg.) [2004]: Ergebnisse der russischen Volkszählung 2002, online im WWW, URL: http://www.perepis2002.ru/content.html?id=7&docid=10715289081450 (Stand 21.05.2004, Abfrage 21.07.05).
(original: Федеральная служба государственной статистики [2004]: Итоги Всероссийской переписи населения 2002 года).

Daeubner, C. & Hennrich, D. [2001]: Weltweit verhandeln: Mit Kompetenz durch die internationale Geschäftswelt, Frankfurt/Main: Wirtschaftsverlag Ueberreuter.

Denz, W. & Eckstein, K. [2001]: Business mit Russland: ein Ratgeber für Einsteiger, Bern; Stuttgart; Wien: Haupt.

Dowling, Peter J. & Schuler, Randall S. [1998]: Internationales Personalmanagement, Wiesbaden: Gabler.

Dworezkaja A.E. [2004]: Faktoren und Grenzen der wirtschaftlichen Entwicklung Russlands in einer mittelfristigen Perspektive in: ECO- gesamtrussisches Wirtschaftsmagazin, Nr. 8.
(original: Дворецкая, А.Е. [2004]: Факторы и ограничения экономического развития Росии в среднесрочной перспективе in: ЭКО Всероссийский экономический журнал, №. 8).

Fernandez, D. R. [1997]: Hofstede's Country Classification 25 Years Later in: The Journal of Social Psychology, 137(1), S. 43-54.

Fink, G. & Meierewert, S. [2003]: Interkulturelles Management: Österreichische Perspektiven, Wien: Springer Verlag.

Fisher, R. & Ury, W. & Patton, M. [2001]: Das Harvard-Konzept: sachgerecht verhandeln - erfolgreich verhandeln, 20. Auflage, Frankfurt/Main: Campus Verlag, (engl. 1991, Getting to Yes, Boston: Mifflin & Co).

Frank, S. [2003]: Verhandeln in Russland. Partner auf Dauer in: WirtschaftsWoche, Nr. 12.

Frank, S. [2004a]: Vielen Dank. Wir essen auch mit Messer und Gabel, online im WWW, URL: http://www.manager-magazin.de (Stand 24.10.2004, Abfrage 30.03.05).

Frank, S. [2004b]: Alte Kader, neue Reiche, online im WWW (pdf-Datei), URL: http://www.manager-magazin.de/koepfe/artikel/0,2828, 324426,00.html (Stand 04.11.2004, Abfrage 30.03.05).

Frank, S. [2004c]: Verhandeln in Russland: Vertrag? Welcher Vertrag?, online im URL: http://www.manager-magazin.de /koepfe/karriere/0,2828,324427,00.html (Stand 11.11.2004, Abfrage 30.03.05).

Gesteland R. [1999]: Global Business Behavior. Erfolgreiches Verhalten und Verhandeln im internationalen Geschäft, Zürich: Orell Füssli, (aus dem Amerikanischen übersetzt von Thomas Irmer).

Hammer, M.R. & Bennett, M. & Wieseman, R. [2003]: Measuring intercultural sensitivity: The intercultural development inventory in: International Journal of Intercultural Relations, Nr. 27, S. 421-433.

Hartig, Willfred [1995]: Modernes verhandeln: Grundlagen-Leitlinien-Fallbeispiele, Heidelberg: Sauer.

Hofstede, G. [1997]: Lokales Denken, globales Handeln: Kulturen, Zusammenarbeit und Management, aktualisierte Ausgabe der deutschen Übersetzung, München: Deutscher Taschenbuch Verlag.

Hofstede, G. [2001]: Cultures Consequences: Comparing Values, Behaviors, Institutions, and Organizations across Nations, 2. ed., Thousand Oaks, London, New Delhi: Sage Publications.

House, Robert J. & Hanges Paul J. & Javidan, Mansour & Dorfman, Peter W. & Gupta, Vipin [2004]: Culture, Leadership, and Organisations: The GLOBE Study of 62 Societies, Thousand Oaks, London, New Delhi: Sage Publications.

IFIM (Hrsg.) [2003]: Kulturelle Weltmodelle und interkulturelles Training, online im WWW (pdf-Datei), URL: http://www.ifim.de/ (Stand Februar 2003, Abfrage 30.03.05).

IfM (Hrsg.) [2005]: Mittelstand-Definition und Schlüsselzahlen, online im WWW, URL: http://www.ifm-bonn.org/index.htm?/dienste/definition.htm (Stand 15.07.05, Abfrage 01.08.05).

ITIM (Hrsg.) [2003]: The 5 Dimensions Model of professor Geert Hofstede, online im WWW, URL: http://www.geert-hofstede.com/ hofstede dimensions.php? culture1=73&culture2=34 (Stand 2003, Abfrage 23.05.05).

Kachcharova, C. [2001]: Erfolgreich verhandeln in Russland: Tipps für die Praxis, Bundesstelle für Außenhandelsinformationen (Hrsg.): Köln.

Knapp, K. [1994]: Zur Relevanz linguistischer Aspekte interkultureller Kommunikationsfähigkeit in: Thomas, A. (Hrsg.), Psychologie und multikulturelle Gesellschaft, Göttingen: Verlag für Angewandte Psychologie.

Krewer, B. [1996]: Kulturstandards als Mittel der Selbst- und Fremdreflexion in interkulturellen Begegnungen in: Thomas, A. (Hrsg.), Psychologie interkulturellen Handelns, Göttingen: Hogrefe.

Löwe, B. [2002]: Kulturschock Russland, 3. aktualisierte Auflage, Peter Rump: Bielefeld.

Lukaschuk, I.I. [2002]: Die Kunst der Geschäftsverhandlungen, BEK: Moskau.
(original: Лукашук И.И. [2002]: Искусство деловых переговоров, Издательство БЕК: Москва).

Mead, R. [1996]: Cross-Culture Management Communikation, Chichester, New York, Brisbane, Toronto, Singapore: Jahn Wiley & Sons.

Meier, C. [2004]: Deutsch-russische Wirtschaftsbeziehungen unter Putin – Praxis-Probleme-Perspektiven in: SWP-Studie - Stiftung Wissenschaft und Politik, Deutsches Institut für internationale Politik und Sicherheit, Berlin, online im WWW (pdf-Datei), URL: www.swp-berlin.org /common/get document.php?id=1074 (Stand 11.2004, Abfrage 18.05.05).

Meyer, T. [2004]: Interkulturelle Kooperationskompetenz: Eine Fallstudienanalyse interkultureller Interaktionsbeziehungen in internationalen Unternehmenskooperationen, Frankfurt/Main, Berlin, Bern, Bruxelles, New York, Oxford, Wien: Peter Lang, Europäischer Verlag der Wissenschaften.

Mochtarova, M. [2000]: Erfolgreiche Geschäfte im östlichen Mitteleuropa: Polen, Tschechien, Ungarn; Berlin, Heidelberg, New York, Barcelona, Honkong, London, Mailand, Paris, Singapur, Tokio: Springer.

Morrison, T. & Conaway, W. A. & Borden, G. A. [1994]: Kiss, bow, or shake hands: how to do business in sixty countries - Avon, Mass.: Adams.

Naumov, I.A. & Puffer, S.M. [2000]: Measuring Russian Culture using Hofstede's Dimensions in: Applied Psychology: an International Review, 49 (4), S. 709-718.

Ost-Ausschuss der deutschen Wirtschaft (Hrsg.) [2004]: Positionspapier: Einschätzung der deutsch-russischen Wirtschaftsbeziehung, Stand: September.

Perlitz, M. [2000]: Internationales Management, 4., überarbeitete Auflage, Stuttgart: Lucius & Lucius.

Pruitt, D.G. [1981]: Negotiation Behavior, New York, London, Toronto, Sydney, San Francisco: Academic Press, Inc.

Pruitt, D.G. & Carnevale, P.J. [1993]: Negotiation in social conflict, Buckingham: Open University Press.

Rubin, J.Z. & Pruitt, D.G. & Kim S.H. [1994]: Social Conflict: Escalation, Stalemate, and Settlement, 2.nd ed., New York: Mc Graw-Hill, Inc.

Russlandanalysen (Hrsg.) [2004a]: Die Entwicklung der russischen Wirtschaft, online im WWW, URL: http://www.russlandanalysen.de/ content/index.php? option= content&task=blogsection&id=2 (Stand 2004, Abfrage 21.07.05).

Russlandanalysen (Hrsg.) [2004b]: Nationalitätenstatistik 2002: Nationalität und Beherrschung der russischen Sprache online im WWW, URL: http://www.gks.ru/PEREPIS/t5.htm (Stand 2004, Abfrage 21.07.05).

Schroll-Machl, S. [2003]: Die Deutschen - Wir Deutsche: Fremdwahrnehmung und Selbstsicht im Berufsleben, 2. Auflage, Göttingen: Vandenhoeck & Ruprecht.

Schröder, G. [2004a]: Deutschland und Russland: Leitmotiv Zusammenarbeit, Namensartikel des Bundeskanzlers in: Russia in Global Affairs, Nr. 4, online im WWW, URL: http://www.moskau.diplo.de/de /03/Reden/Datei__040730, property=Daten.doc (Stand 30.07.2004, Abfrage 27.04.05).

Schröder, G. [2004b]: Schriftinterview für Itar-Tass, Berlin, online im WWW (pdf-Datei), URL: http://www.moskau.diplo.de/de/03/Reden/041218, property=Daten.pdf (Stand 18.12.2004, Abfrage 27.04.05).

Schröder, G./Putin, W. [2005]: Rede zur Eröffnung der Hannover Messe 2005, online im WWW, URL: http://www.moskau.diplo.de/de/Aktuell/Aktuell_09.html (Stand 10.04.2005, Abfrage 27.04.05).

Swjagin, A.A. [2004]: Nationale Besonderheiten des Personals in: ECO-gesamtrussisches Wirtschaftsmagazin, Nr. 2, S. 155-161. (original: Звягин А.А. [2004]: Национальные особенности персонала в: ЭКО- Всероссийский экономический журнал, № 2, стр. 155-161).

Thomas, A. [1995]: Die Vorbereitung von Mitarbeitern für den Auslandseinsatz: Wissenschaftliche Grundlagen in: Kühlmann, T. (Hrsg.), Mitarbeiterentsendungen ins Ausland: Auswahl, Vorbereitung, Betreuung und Wiedereingliederung, Göttingen: Hogrefe.

Thomas, A. [1996]: Psychologie interkulturellen Handelns, Einleitung, S. 15-32, Göttingen: Hogrefe.

Thomas, A.& Kammhuber, S. & Schroll-Machl, S. [2003], Handbuch Interkulturelle Kommunikation und Kooperation, Band 2: Länder, Kulturen und interkulturelle Berufstätigkeit, Göttingen: Vandenhoeck & Ruprecht.

Trompenaars, F. [1993]: Handbuch globales Managen: wie man kulturelle Unterschiede im Geschäftsleben versteht, Düsseldorf: ECON-Verlag, (aus dem engl. Übersetzt von Grau, W.).

Wagner, J. & Helm Petersen, U. [1993]: Zur Definition von Verhandeln, in: Müller, B.-D. (Hrsg.), Interkulturelle Wirtschaftskommunikation: Die Bedeutung der interkulturellen Kommunikation für die Wirtschaft, 2. Auflage, München: Iudicium Verlag.

Yoosefi, T. & Thomas, A. [2003]: Beruflich in Russland: Trainingsprogramm für Manager, Fach- und Führungskräfte, Göttingen: Vandenhoeck & Ruprecht.

Zeisberg, S. [2003]: Weltweit professionell verhandeln, München: Verlag moderne Industrie.

Zhelvis, V. [2002]: Diese komischen Russen, Moskau: Egmont Russland Ltd.
(original: Жельвис, В. [2002]: Эти странные русские, Москва: Эгмонт Россия Лтд.)

8. Anhänge

8.1. Anhang A: Ergänzende Abbildungen zum Text

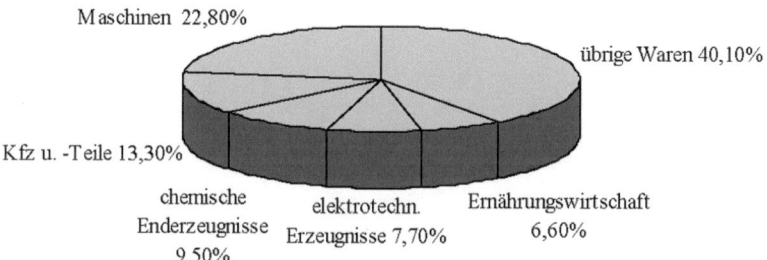

Abb. A 1: Struktur der Exporte Deutschlands nach Russland im Jahr 2003: Die fünf wichtigsten Warengruppen (Angabe in %), in Anlehnung an AHK 2005.

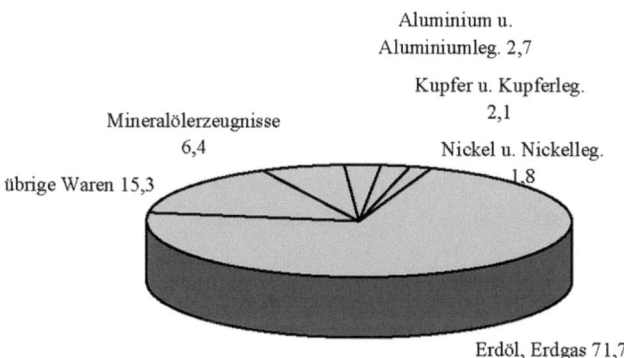

Abb. A 2: Struktur der Importe Deutschlands aus Russland im Jahr 2003: Die fünf wichtigsten Warengruppen (Angabe in %), in Anlehnung an AHK 2005.

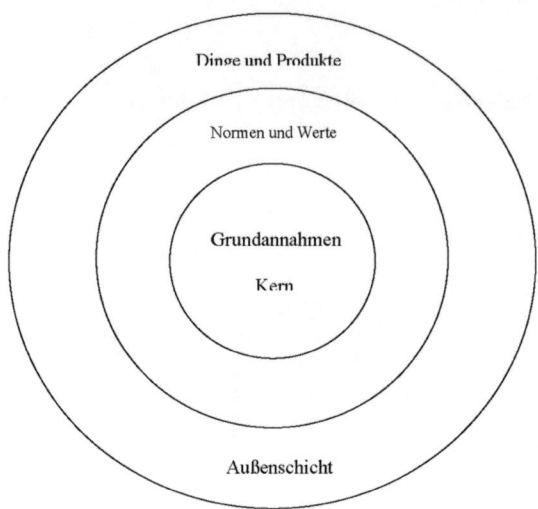

Abb. A 3: Ein Kulturmodell, Trompenaars 1993, S. 40.

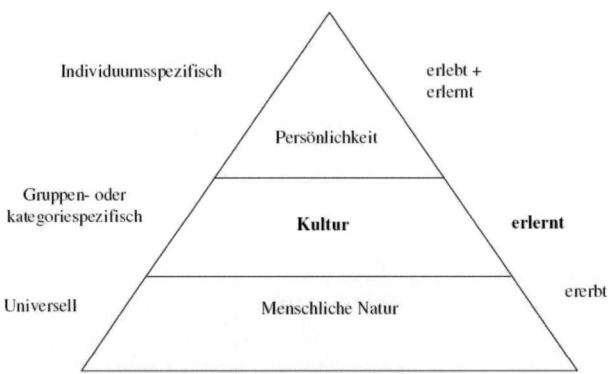

Abb. A 4: Drei Ebenen der Einzigartigkeit in der mentalen Programmierung des Menschen, Hofstede 1997, S. 5.

Hofstede	GLOBE-Studie
Machtdistanz	Machtdistanz
Unsicherheitsvermeidung	Unsicherheitsvermeidung
Langzeitorientierung	Zukunftsorientierung
Individualismus	Societal Collectivism In-Group Collectivism
Maskulinität	Geschlechtergleichheit Selbstbewusstsein
	Leistungsorientierung
	Menschenorientierung

Abb. A 5: Dimensionen nach Hofstede und GLOBE-Studie, in Anlehnung an IFIM 2003.

8.2. Anhang B: Ergänzende Übersichten zum Text

	Insgesamt (in 1.000)		Anteil an der Gesamtbevölkerung	Anteil der Russischsprachigen
	Nationalität	Russischsprachig		
Insgesamt	145.164,00	142.571,00	100,0000%	98,2%
Russen	115.868,00	115.585,00	79,8187%	99,8%
Tataren	5.558,00	5.339,00	3,8288%	96,1%
Ukrainer	2.943,00	2.936,00	2,0274%	99,8%
Baschkiren	1.674,00	1.581,00	1,1532%	94,4%
Tschuwaschen	1.637,00	1.585,00	1,1277%	96,8%
Tschetschenen	1.361,00	1.128,00	0,9376%	82,9%
Armenier	1.130,00	1.113,00	0,7784%	98,5%
Mordwinen	845,00	839,00	0,5821%	99,3%
Belorussen	815,00	813,00	0,5614%	99,8%
Awaren	757,00	656,00	0,5215%	86,7%
Kasachen	655,00	644,00	0,4512%	98,3%
Udmurten	637,00	625,00	0,4388%	98,1%
Aserbajdschaner	621,00	587,00	0,4278%	94,5%
Marijner	605,00	588,00	0,4168%	97,2%
Deutsche	597,00	596,00	0,4113%	99,8%
Kabardiner	520,00	483,00	0,3582%	92,9%
Osseten	515,00	496,00	0,3548%	96,3%
Darginer	510,00	450,00	0,3513%	88,2%
Burjaten	445,00	429,00	0,3065%	96,4%
Jakuten	444,00	388,00	0,3059%	87,4%
Kumyken	423,00	384,00	0,2914%	90,8%
Inguschen	412,00	361,00	0,2838%	87,6%

Lesginen	412,00	371,00	0,2838%	90,0%
Komi	293,00	289,00	0,2018%	98,6%
Tuwiner	244,00	207,00	0,1681%	84,8%
Juden	230,00	229,00	0,1584%	99,6%
Georgiern	198,00	195,00	0,1364%	98,5%
Karatschaer	192,00	182,00	0,1323%	94,8%
Zigeuner	183,00	176,00	0,1261%	96,2%
Kalmyken	174,00	173,00	0,1199%	99,4%
Moldawier	172,00	171,00	0,1185%	99,4%
Lakzen	156,00	147,00	0,1075%	94,2%
Koreaner	148,00	146,00	0,1020%	98,6%
Kosaken	140,00	140,00	0,0964%	100,0%
Tabasaraner	132,00	115,00	0,0909%	87,1%
Adygeer	129,00	123,00	0,0889%	95,3%
Komi-Permjaken	125,00	123,00	0,0861%	98,4%
Usbeken	123,00	120,00	0,0847%	97,6%
Tadschiken	120,00	115,00	0,0827%	95,8%
Balkaren	108,00	103,00	0,0744%	95,4%
Griechen	98,00	97,00	0,0675%	99,0%
Karelen	93,00	93,00	0,0641%	100,0%
Türken	92,00	83,00	0,0634%	90,2%
Nogajer	91,00	85,00	0,0627%	93,4%
Ersa-Mordwinen	84,00	83,00	0,0579%	98,8%
Chakaser	76,00	74,00	0,0524%	97,4%
Polen	73,00	73,00	0,0503%	100,0%
Altajer	67,00	63,00	0,0462%	94,0%
Tscherkessen	61,00	57,00	0,0420%	93,4%
Ostlugoer Marijer	56,00	54,00	0,0386%	96,4%

Mokscha-Mordwinen	50,00	49,00	0,0344%	98,0%
Litauer	45,00	45,00	0,0310%	100,0%
Nenzen	41,00	37,00	0,0282%	90,2%
Abazinen	38,00	37,00	0,0262%	97,4%
Todschiner Tuwiner	36,00	28,00	0,0248%	77,8%
Chinesen	35,00	23,00	0,0241%	65,7%
Ewenken	35,00	33,00	0,0241%	94,3%
Finnen	34,00	34,00	0,0234%	100,0%
Turkmenen	33,00	32,00	0,0227%	97,0%
Bulgaren	32,00	32,00	0,0220%	100,0%
Kirgisen	32,00	31,00	0,0220%	96,9%
Jesiden	31,00	29,00	0,0214%	93,5%
Rutuler	30,00	27,00	0,0207%	90,0%
Litten	29,00	28,00	0,0200%	96,6%
Chanten	29,00	28,00	0,0200%	96,6%
Agulen	28,00	26,00	0,0193%	92,9%
Esten	28,00	28,00	0,0193%	100,0%
Vietnamesen	26,00	20,00	0,0179%	76,9%
Krjaschener	25,00	23,00	0,0172%	92,0%
Andijzen	22,00	17,00	0,0152%	77,3%
Kurden	20,00	18,00	0,0138%	90,0%
Bermarijer	19,00	18,00	0,0131%	94,7%
Ewener	19,00	18,00	0,0131%	94,7%
Tschuktschen	16,00	15,00	0,0110%	93,8%
Zeser	15,00	11,00	0,0103%	73,3%
Assyrer	14,00	14,00	0,0096%	100,0%

Komi-Ischemzen	14,00	13,00	0,0096%	92,9%
Schorer	14,00	14,00	0,0096%	100,0%
Gagausen	12,00	12,00	0,0083%	100,0%
Mansen	12,00	11,00	0,0083%	91,7%
Nanajer	12,00	12,00	0,0083%	100,0%
Abchasen	11,00	11,00	0,0076%	100,0%
Araber	11,00	10,00	0,0076%	90,9%
Nagajbaken	10,00	10,00	0,0069%	100,0%
Paschtunen	10,00	9,00	0,0069%	90,0%
Sibirische Tataren	10,00	9,00	0,0069%	90,0%
Zachure	10,00	9,00	0,0069%	90,0%
Korjaken	9,00	9,00	0,0062%	100,0%
Vepsen	8,00	8,00	0,0055%	100,0%
Dolganen	7,00	7,00	0,0048%	100,0%
Pomorer	7,00	7,00	0,0048%	100,0%
Achvachzen	6,00	5,00	0,0041%	83,3%
Beschtiner	6,00	5,00	0,0041%	83,3%
Karatinen	6,00	5,00	0,0041%	83,3%
Inder (hindusprachig)	5,00	4,00	0,0034%	80,0%
Niwcher	5,00	5,00	0,0034%	100,0%
Rumänen	5,00	5,00	0,0034%	100,0%
Ungarn	4,00	4,00	0,0028%	100,0%
Perser	4,00	4,00	0,0028%	100,0%
Selkupen	4,00	4,00	0,0028%	100,0%
Serben	4,00	4,00	0,0028%	100,0%
Krimtataren	4,00	4,00	0,0028%	100,0%
Udiner	4,00	4,00	0,0028%	100,0%

Besermjaner	3,00	3,00	0,0021%	100,0%
Bergjuden	3,00	3,00	0,0021%	100,0%
Itelmenen	3,00	3,00	0,0021%	100,0%
Kumandiner	3,00	3,00	0,0021%	100,0%
Mongolen	3,00	3,00	0,0021%	100,0%
Sojoten	3,00	3,00	0,0021%	100,0%
Talyscher	3,00	2,00	0,0021%	66,7%
Telengiter	3,00	2,00	0,0021%	66,7%
Teleuten	3,00	3,00	0,0021%	100,0%
Mescheten	3,00	3,00	0,0021%	100,0%
Ujguren	3,00	3,00	0,0021%	100,0%
Ultscher	3,00	3,00	0,0021%	100,0%
Tschechen	3,00	3,00	0,0021%	100,0%
Schansuger	3,00	3,00	0,0021%	100,0%
Spanier	2,00	1,00	0,0014%	50,0%
Kamschader	2,00	2,00	0,0014%	100,0%
Karalkapaken	2,00	2,00	0,0014%	100,0%
Keten	2,00	2,00	0,0014%	100,0%
Latgaler	2,00	2,00	0,0014%	100,0%
Saamen	2,00	2,00	0,0014%	100,0%
Astrachaner Tataten	2,00	2,00	0,0014%	100,0%
Taten	2,00	2,00	0,0014%	100,0%
Tubalater	2,00	2,00	0,0014%	100,0%
Ulegejer	2,00	2,00	0,0014%	100,0%
Chemschiler	2,00	1,00	0,0014%	50,0%
Eskimos	2,00	2,00	0,0014%	100,0%
Jukagier	2,00	1,00	0,0014%	50,0%

Aleuten	1,00	1,00	0,0007%	100,0%
Amerikaner	1,00	1,00	0,0007%	100,0%
Engländer	1,00	0,40	0,0007%	40,0%
Ginucher	1,00	0,40	0,0007%	40,0%
Gunsiber	1,00	1,00	0,0007%	100,0%
Dunganen	1,00	1,00	0,0007%	100,0%
Italiener	1,00	1,00	0,0007%	100,0%
Kubiner	1,00	1,00	0,0007%	100,0%
Nganasaner	1,00	1,00	0,0007%	100,0%
Negildaler	1,00	1,00	0,0007%	100,0%
Orotschi	1,00	1,00	0,0007%	100,0%
Digorer Osseten	1,00	1,00	0,0007%	100,0%
Slowaken	1,00	1,00	0,0007%	100,0%
Tofalarer	1,00	1,00	0,0007%	100,0%
Franzosen	1,00	1,00	0,0007%	100,0%
Tschelkanen	1,00	1,00	0,0007%	100,0%
Tschuwanen	1,00	1,00	0,0007%	100,0%
Tschulymer	1,00	1,00	0,0007%	100,0%
Japaner	1,00	1,00	0,0007%	100,0%
Mittelasiatische Zigeuner	0,50	0,40	0,0003%	80,0%
Mingrelen	0,40	0,40	0,0003%	100,0%
Ischorer	0,40	0,40	0,0003%	100,0%
Karaimer	0,40	0,40	0,0003%	100,0%
Ulta (oroki)	0,40	0,40	0,0003%	100,0%
Adscharen	0,30	0,30	0,0002%	100,0%
Tasen	0,30	0,30	0,0002%	100,0%
Ingermanländer	0,30	0,30	0,0002%	100,0%

Finnen				
Enzen	0,30	0,30	0,0002%	100,0%
Mittelasiatische Araber	0,20	0,20	0,0001%	100,0%
Lasen	0,20	0,20	0,0001%	100,0%
Krymtschaken	0,20	0,20	0,0001%	100,0%
Akkiner Tschetschenen	0,20	0,20	0,0001%	100,0%
Setu-Esten	0,20	0,20	0,0001%	100,0%
Arschinen	0,10	0,10	0,0001%	100,0%
Bagulaler	0,10	0,10	0,0001%	100,0%
Voder	0,10	0,10	0,0001%	100,0%
Godoberinen	0,10	0,10	0,0001%	100,0%
Griechen-Urumer	0,10	0,10	0,0001%	100,0%
Ingilojer	0,10	0,10	0,0001%	100,0%
Georgische Juden	0,10	0,10	0,0001%	100,0%
Mittelasiatischen Juden	0,10	0,10	0,0001%	100,0%
Jugen	0,10	0,10	0,0001%	100,0%
Kubaschiner	0,10	0,10	0,0001%	100,0%
Ironer Osseten	0,10	0,10	0,0001%	100,0%
Rusiner	0,10	0,10	0,0001%	100,0%
Chwarschiner	0,10	0,10	0,0001%	100,0%
Tindaler	0,05	0,04	0,0000%	80,0%
Svaner	0,04	0,04	0,0000%	100,0%
Botlicher	0,02	0,02	0,0000%	100,0%
Kereken	0,02	0,02	0,0000%	100,0%
Tschamaler	0,02	0,02	0,0000%	100,0%
Kajtager	0,01	0,01	0,0000%	100,0%

| Andere | 45,00 | 39,00 | 0,0310% | 86,7% |
| Keine Angabe | 1.458,00 | 481,00 | 1,0044% | 33,0% |

Insgesamt 182 Nationalitäten und Ethnien

Übersicht B 1: Nationalitätenstatistik 2002: Nationalität und Beherrschung der russischen Sprache, Russlandanalysen 2004b.

Kriterium	Ältere Generation		Jüngere Generation	
	Leitende Mitarbeiter früherer Außenhandelsbetriebe	Leitende Mitarbeiter ehemaliger Staatsbetriebe	Absolventen von Elitebildungseinrichtungen im In- und Ausland	Wissenschaftler und Akademiker
Erfahrungen in der westlichen Wirtschaftspraxis	Meist vorhanden	Selten vorhanden	Mitunter, jedoch nicht immer vorhanden	Nicht vorhanden
Auslandserfahrung	Meist vorhanden	Selten vorhanden	Häufig vorhanden	Nicht vorhanden
Kaufmännische Kompetenz	Beschränkt vorhanden	Selten vorhanden	Meist vorhanden	Nicht vorhanden
Westliche Managementerfahrung	Nicht vorhanden	Nicht vorhanden	Nicht oder nur begrenzt vorhanden	Nicht vorhanden
Einstellung zum westlichen Wirtschaftssystem	Eher skeptisch bis negativ	Eher skeptisch bis negativ	Eher positiv	Eher skeptisch bis negativ
Erwartungshaltung gegenüber dem Westen	Eher realistisch bis pessimistisch	Eher realistisch bis pessimistisch	Eher unrealistisch bis optimistisch	Eher unrealistisch bis pessimistisch
Verhandlungserfahrungen mit westlichen Partnern	vorhanden	Selten vorhanden	In Ansätzen vorhanden	Nicht vorhanden
Fremdsprachenkenntnis	Meist vorhanden	Selten vorhanden	Meist vorhanden	Selten vorhanden
Interesse an einem erfolgreichen Abschluss	Indifferent bzw. weniger stark ausgeprägt	Indifferent bis stark ausgeprägt	Sehr stark ausgeprägt	Indifferent bzw. weniger stark ausgeprägt
Interesse an langfristiger Zusammenarbeit	Eher an kurzfristigen Verhandlungszielen orientiert	Eher an kurzfristigen Verhandlungszielen orientiert	Indifferent bzw. eher an langfristigen Verhandlungszielen orientiert	Indifferent bzw. eher an langfristigen Verhandlungszielen orientiert
Fähigkeit, die eigenen Verhandlungsziele genau zu definieren	Eher ausgeprägt	Weniger ausgeprägt	Eher stark ausgeprägt	Wenig ausgeprägt
Kompromissbereitschaft	Eher gering	Eher gering	Eher stärker	Eher gering
Auftreten/äußeres Erscheinungsbild	Eher autoritär, dominierend, konservativ „graue Eminenz", Selbstsicherheit	Eher autoritär, dominierend, konservativ „graue Eminenz", oft innere Unsicherheit	Eher kollegial-kooperativ bzw. dominierend „Zurschaustellung von Status und Macht", Selbstsicherheit	Eher kollegial-kooperativ „bescheidenes, unscheinbares Äußeres", oft innere Verunsicherung

Übersicht B 2: Typen russischer Verhandlungsführer, Baumgart/Jänecke 2000, S. 135f.

Aspekte des Einflusses von Kultur auf die Verhandlungsführung	Westeuropäische Verhandlungsführung	Russische Verhandlungsführung
Verhandlungsziel	Vertrag (schriftlich)	Vertrag (auch mündliche Vereinbarungen)
Einstellung zu den Verhandlungen	„Gewinner"-„Verlierer" (eher Konfrontation)	„Gewinner"-„Verlierer" (eher Konfrontation)
Sozio-kulturell geprägter Verhandlungsstil	eher sachlich	eher emotional
Persönlicher Stil des Verhandlungsführers	vorherrschend informell	vorherrschend formell
Stil der Kommunikation	vorherrschend direkt (geradeaus)	vorherrschend indirekt (diplomatisch)
Zeitbewusstsein/Pünktlichkeit	stark ausgeprägt	weniger stark ausgeprägt, polychrones Zeitverständnis
Form des zu treffenden Abkommens	spezifisch/detailliert	spezifisch/detailliert
Herangehensweise zur Erzielung des Abkommens	induktiv (von Einzelfragen zu allgemeinen Prinzipien)	deduktiv (von allgemeinen Prinzipien zu Einzelfragen)
Kompetenzverteilung im Verhandlungsteam	ein Leiter, der als Verhandlungsführer fungiert	ein Leiter, der als Verhandlungsführer fungiert
Risikobereitschaft	eher größer	eher geringer
Vorzugsweise angewandter Argumentationstyp	quasiologischer Typ	Präsentationstyp und Analogietyp
Grad der Rechtsverbindlichkeit von schriftlichen Verträgen	eher hoch	eher hoch

Übersicht B 3: Charakteristik des russischen Verhandlungstyps in Anlehnung an Baumgart/Jänecke 2000, S. 136f.

8.3. Anhang C: Umfrage

8.3.1. Fragebogen

1. Allgemeine Informationen zum Unternehmen

1.1 In welcher Branche sind Sie tätig?

1.2 Wie viele Mitarbeiter sind in Ihrem Unternehmen beschäftigt?

1.3 a Seit wie vielen Jahren haben Sie Interesse an der russischen Wirtschaft?

1.3 b Wie viele Jahre davon sind Sie in Russland aktiv tätig?

2. Verhandlungen: Vorbereitung

2.1 Nach welchen Kriterien wurden/werden die Mitglieder Ihres Verhandlungsteams ausgesucht?

- ☐ Position im Unternehmen/Entscheidungsfunktion
- ☐ Erfahrungen im Ausland
- ☐ Erfahrungen in Russland
- ☐ Erfolge bei früheren Verhandlungen
- ☐ Sprachkenntnisse
- ☐ Fachkompetenz
- ☐ Interkulturelle Kompetenz
- ☐ „Wird immer geschickt"
- ☐ Andere Kriterien (bitte angeben):

2.2 Welche Qualitäten, Kompetenzen und Eigenschaften haben die Mitglieder Ihres Verhandlungsteams?

- ☐ Verhandlungserfahrung in anderen Märkten
- ☐ Verhandlungserfahrung in Russland

- ☐ Russische Produktkenntnisse/Marktkenntnisse
- ☐ Englische Sprachkenntnisse
- ☐ Russische Sprachkenntnisse
- ☐ Russischsprachige Muttersprachler
- ☐ Fachliche Kompetenz
- ☐ Interkulturelle Kompetenz
- ☐ Entscheidungsbefugnis
- ☐ Verbale Kompetenz
- ☐ Gutes Vorbereitungs- und Planungsgeschick
- ☐ Gutes Urteilsvermögen
- ☐ Durchhalte- und Durchsetzungsvermögen
- ☐ Machtpotenziale erkennen und nutzen
- ☐ Achtung und Vertrauen gewinnen
- ☐ Integrität
- ☐ Fähigkeit, sich schnell verändernden Bedingungen anzupassen
- ☐ Andere Kompetenzen (bitte angeben):

2.3 Wie setzt/setzte sich Ihr Verhandlungsteam zusammen?

Anzahl:
Geschlecht:
Position:
Alter (ca.)

2.4 Verfügen die Mitglieder Ihres Verhandlungsteams über russische Sprach- und Landeskenntnisse (kommen sie allein in Russland zurecht)?

☐ alle   ☐ einer/eine   ☐ keiner/keine   ☐ fast alle   ☐ einige

2.5 Welche anderen Russland-Erfahrungen haben die Mitglieder Ihres Verhandlungsteams?

2.6 Werden/wurden die Mitglieder Ihres Verhandlungsteams auf die Verhandlungen mit russischen Partnern vorbereitet?

☐ Ja   ☐ Nein

- ☐ Interkulturelle Seminare
- ☐ Fachseminare/Fachvorträge (z.B. IHK)
- ☐ Länderspezifisches Personaltraining/Rollenspiele/Simulationen
- ☐ Inanspruchnahme von Unternehmensberatern
- ☐ Erfahrungsaustausch mit anderen deutschen Unternehmen
- ☐ Fachliteratur/Fachzeitschriften z.b. OWC
- ☐ Lokale Erkundungen vor Ort
- ☐ Fallstudien
- ☐ Länderunspezifische Trainings
- ☐ Andere Vorbereitungen (bitte angeben)

2.7 a Haben Sie Informationen über russischsprachige Muttersprachler (Expertendatei), die in Deutschland leben?

☐ Ja   ☐ Nein

2.7 b Würden Sie deren Dienste in Anspruch nehmen?

☐ Ja   ☐ Nein

Gründe, die dagegen sprechen:

2.8 Welche Informationen haben Sie sich vor Ihrer Entscheidung, auf dem russischen Markt aktiv zu werden, beschafft?

- ☐ Keine Informationen

Informationen über die Branche:
- ☐ Marktübersicht (nationale und internationale Konkurrenz)
- ☐ Marktvolumen/Dynamik des Marktes
- ☐ Preisübersicht
- ☐ Produkteignung bzgl. Robustheit/Service/Verbrauchergewohnheiten
- ☐ Adressrecherche/Firmenprofile von russischen Unternehmen
- ☐ Prognosen für die nächsten Jahre
- ☐ andere Brancheninformationen (bitte angeben):

Informationen über gesetzliche Bestimmungen und mögliche Handelshemmnisse:

- ☐ Rechtliche Bestimmungen
- ☐ Zollbestimmungen/ andere Besteuerungen
- ☐ Zertifizierung/ Zulassung und Lizenzen
- ☐ Infrastruktur/ Klimabedingungen
- ☐ Arbeitsmarkt/ Feiertage/Arbeitstage und –zeiten
- ☐ andere Besonderheiten des russischen Marktes

Informationen über das Unternehmen, mit dem verhandelt wird:

- ☐ Firmenhistorie
- ☐ Gesellschaftsform
- ☐ Finanzkraft
- ☐ Mitarbeiterqualifikation
- ☐ Firmenausstattung
- ☐ Niederlassungen
- ☐ Altlasten
- ☐ Organisationsstruktur
- ☐ Entscheidungswege
- ☐ Andere Informationen (bitte angeben):

2.9 Gestaltung Ihrer Visitenkarten und Ihrer Image- und Produktunterlagen

- ☐ nur in Deutsch
- ☐ nur in Englisch
- ☐ nur in Russisch
- ☐ zweisprachig (in welchen Sprachen?):

3. Verhandlungen: Verlauf

3.1 In welcher Sprache wurden die Verhandlungen geführt?

		mit Dolmetscher	ohne Dolmetscher
☐	Russisch		
☐	Deutsch		
☐	Englisch		

3.2 Wie setzte sich das Verhandlungsteam Ihres russischen Partners zusammen?

    Anzahl:
    Geschlecht:
    Position:
    Alter (ca.)

3.3 a Welche Verhandlungstaktik haben Sie verfolgt?

3.3 b Welche Verhandlungstaktik hat Ihr russischer Partner verfolgt?

	Sie	Ihr Partner
Keine	☐	☐
Vorteilspräsentation	☐	☐
Selbstdarstellung	☐	☐
Sachargumentation	☐	☐
Emotionale Argumentation	☐	☐
Belohnung/Versprechen/Verpflichtung	☐	☐
Nutzung von Hierarchien	☐	☐
Abwarten (Aussitzen)	☐	☐
Strafe/Drohung/Befehl	☐	☐
Nein–Taktik	☐	☐
Andere Taktik (bitte angeben):	☐	☐

Ihr Kommentar:

3.4 Haben Sie mehr Zugeständnisse gemacht als vorgesehen?

☐ Ja ☐ Nein

3.5 Haben Sie Ihr angestrebtes Verhandlungsziel erreicht oder mussten Sie die Verhandlungen abbrechen?
Was war der Grund für den Abbruch der Verhandlungen?

☐ Einigung
☐ Abbruch

Gründe für den Abbruch:

3.6 Wenn Sie sich geeinigt haben, wie lange dauerten die Verhandlungen bis ein Verhandlungsziel erreicht wurde?

☐ Wie von Ihnen geplant   Ungefähre Zeitdauer:
☐ Länger als geplant   Wie viele Stunden/Tage länger?

3.7 Wenn Sie sich geeinigt haben, haben Sie neben dem schriftlichen Vertragswerk weitere mündliche Vereinbarungen akzeptiert?

☐ Ja ☐ Nein

3.8 Wenn Sie sich geeinigt haben, waren Sie mit dem Verlauf und den Ergebnissen der Verhandlungen zufrieden?

☐ völlig   ☐ einigermaßen   ☐ nicht besonders   ☐ überhaupt nicht

Ihr Kommentar:

4. Verhandlungen: Rahmen

4.1 Haben Sie für Ihren russischen Partner Gast-/ Werbegeschenke mitgebracht?

☐ Ja ☐ Nein

5. Verhandlungen: Danach

5.1 Pflegen Sie regelmäßige Kontakte zu Ihrem russischen Partner nach Abschluss der Verhandlungen, ggf. nach Vertragserfüllung?

    ☐   regelmäßiger persönlicher Kontakt
    ☐   Kontakt per Medien (e-Mail, Telefon)
    ☐   kein weiterer Kontakt

6. Resümee

6.1 Was war besser/ungewöhnlich/anders als in Deutschland?

6.2 Was hat Ihnen besondere Probleme bereitet?

6.3 Was würden Sie heute mit Ihren gemachten Erfahrungen bzgl. Vorbereitung/Durchführung/ Nachbereitung von Verhandlungen mit russischen Partnern anders machen?

8.3.2. Ergebnisse der Umfrage

1. Allgemeine Informationen zum Unternehmen

1.1 In welcher Branche sind Sie tätig?

Die Antworten verteilten sich auf die Dienstleistungsunternehmen (32,7%), Verkehr (13,5%), Industrie (11,5%), Handel (11,5%), Chemie (7,7%) und andere Branchen wie Pharma (3,85%), Holzverarbeitung (3,85%), Tourismus (3,85%), Bauwirtschaft (3,85%), Information und Kommunikation (3,85%), Zulieferindustrie Kraftfahrzeug (1,9%) und Banken (1,9%).

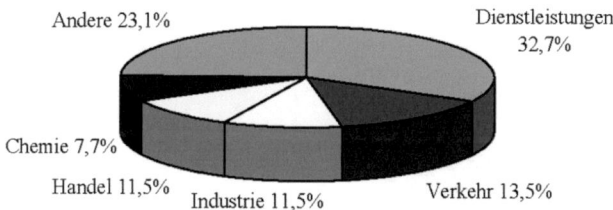

Basis: 52 Unternehmen

1.2 Wie viele Mitarbeiter sind in Ihrem Unternehmen beschäftigt?[9]

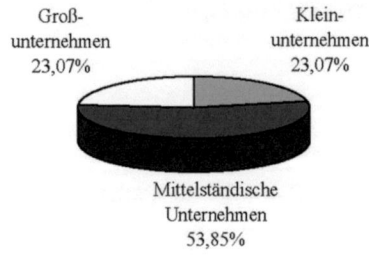

Basis: 52 Unternehmen

1.3 a Seit wie vielen Jahren haben Sie Interesse an der russischen Wirtschaft?

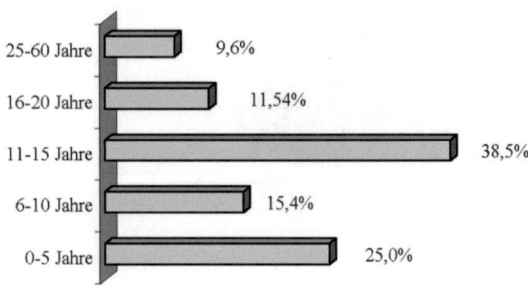

Basis: 52 Unternehmen

---

[10] Nach der Mittelstandsdefinition des IfM Bonn vom 01.01.2002 beträgt die Zahl der Beschäftigten bei einem Kleinunternehmen bis 9 Mitarbeiter, bei einem Mittelunternehmen von 10 bis 499 und bei einem Großunternehmen ab 500 Mitarbeiter (IfM 2005).

1.3 b Wie viele Jahre davon sind Sie in Russland aktiv tätig?

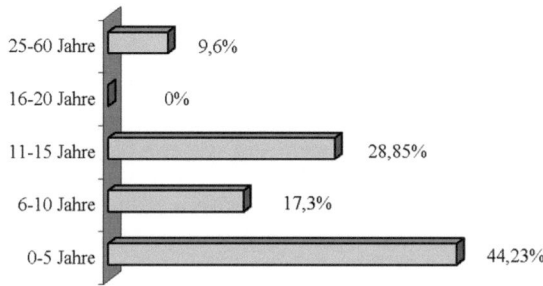

Basis: 52 Unternehmen

2. Verhandlungen: Vorbereitung

2.1 Nach welchen Kriterien wurden/werden die Mitglieder Ihres Verhandlungsteams ausgesucht?

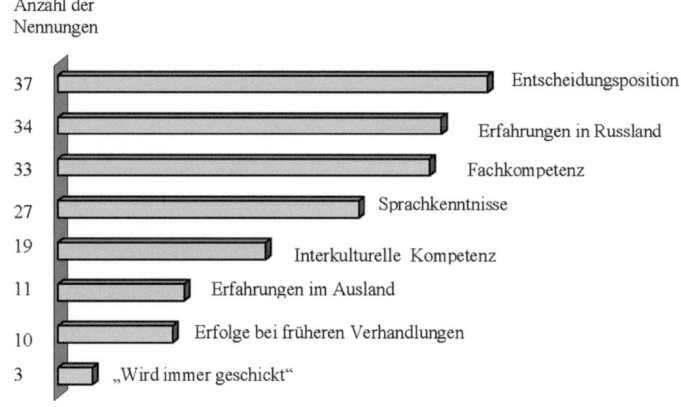

Andere Kriterien: Aus korrelierendem Aufgabenbereich,
  Kontakte in Russland,
  Persönliche Beziehungen zur Firma,
  Fähigkeit zum Verkauf,
  Lieber niemanden aus Ostdeutschland

Basis: 52 Unternehmen
Mehrfachnennungen möglich

2.2 Welche Qualitäten, Kompetenzen und Eigenschaften haben die Mitglieder Ihres Verhandlungsteams?

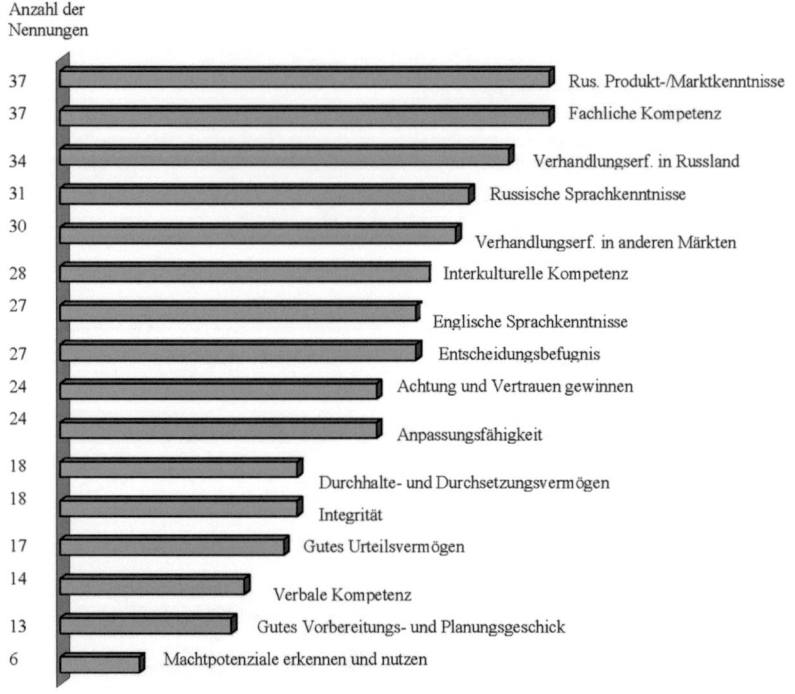

Andere Kompetenzen: Branchenbezogene Kompetenzen,
Beziehungsmanagement,
Einfühlungsvermögen,
russische Machtspielchen durchschauen können

Basis: 52 Unternehmen
Mehrfachnennungen möglich

2.3 und 3.2 Wie setzt/setzte sich Ihr Verhandlungsteam bzw. das Team Ihres russischen Partners zusammen?

	Anzahl der Nennungen im Bezug auf das eigene Team	Anzahl der Nennungen im Bezug auf das Team des Partners
Anzahl		
1-3	32	18
4-6	11	9
> 6	4	4
unterschiedlich	1	9
Basis	48	40
Geschlecht		
männlich	23	16
weiblich	2	1
gemischt	23	21
Basis	48	38
Position		
Entscheidungsträger/GF	24	24
Mittel bis Top Management	10	2
Vertriebsleiter	6	5
Angestellte/Sachbearbeiter	5	
Stellv. GF	3	
Teamleiter/Projektleiter	3	
nach Fachkompetenz	3	
Jurist	3	
Dolmetscher	1	
Gesellschafter		1
Buchhaltung/Finanzen		3
unterschiedlich		8
Basis	44	39
Alter		
20-29	5	
30-39	13	
40-49	18	
50-59	11	
60-69	7	
30-50	10	
unterschiedlich	3	
Basis	48	

Mehrfachnennungen möglich

2.4 Verfügen die Mitglieder Ihres Verhandlungsteams über russische Sprach- und Landeskenntnisse (kommen sie allein in Russland zurecht)?

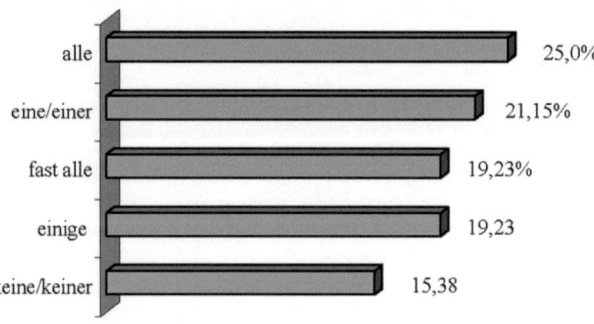

Basis: 52 Unternehmen

2.5 Welche anderen Russland-Erfahrungen haben die Mitglieder Ihres Verhandlungsteams?

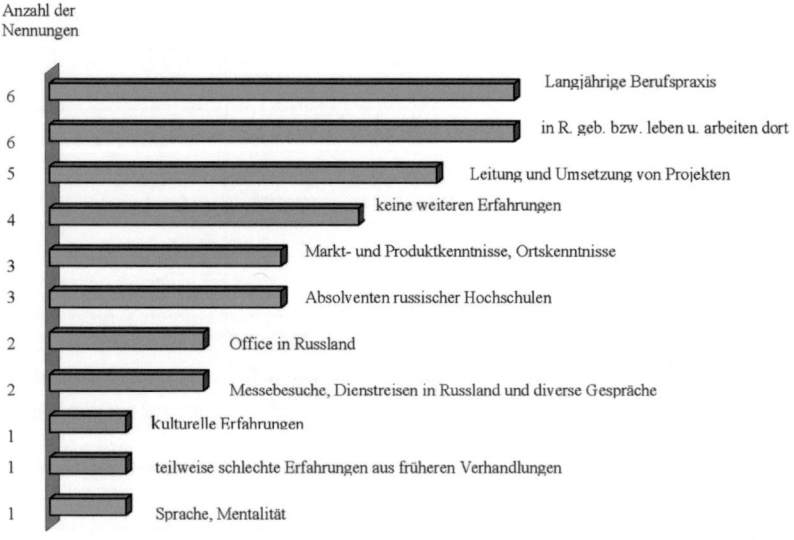

Basis: 34 Unternehmen
Mehrfachnennungen möglich

2.6 Werden/wurden die Mitglieder Ihres Verhandlungsteams auf die Verhandlungen mit russischen Partnern vorbereitet?

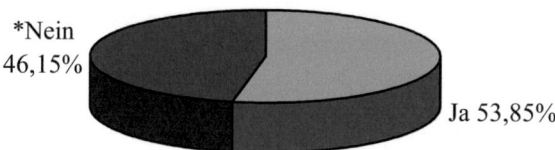

* Einige Unternehmen haben russische Mitarbeiter vor Ort, so dass eine Vorbereitung nicht notwendig ist.

Basis: 52 Unternehmen

53,85% der befragten Unternehmen bereiten die Mitglieder ihres Verhandlungsteams durch folgende Maßnahmen vor:

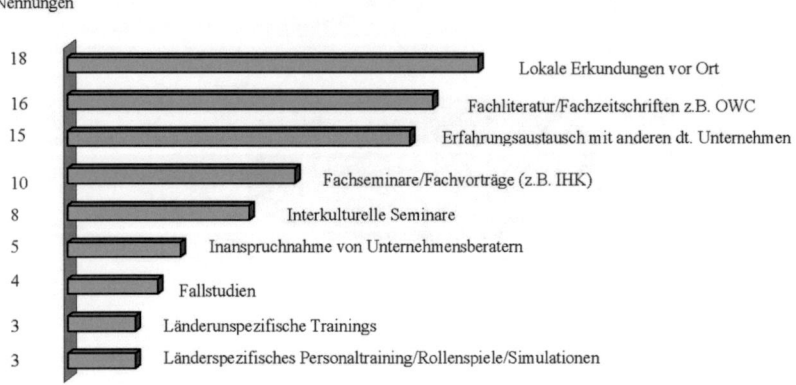

Andere Vorbereitungsmaßnahmen: Workshops,
　　　　　　　　　　　　　　　Interne Schulungen,
　　　　　　　　　　　　　　　Verkaufsmeetings,
　　　　　　　　　　　　　　　konzentrierter Austausch,
　　　　　　　　　　　　　　　Internetrecherchen

Basis: 52 Unternehmen
Mehrfachnennungen möglich

2.7 a Haben Sie Informationen über russischsprachige Muttersprachler (Expertendatei), die in Deutschland leben?

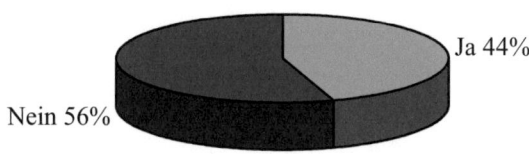

Basis: 50 Unternehmen

2.7 b Würden Sie deren Dienste in Anspruch nehmen?

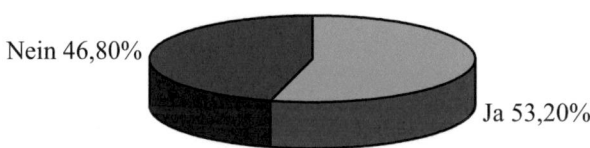

Basis: 47 Unternehmen

Gründe, die gegen die Inanspruchnahme der Dienste der russischsprachigen Muttersprachler (Expertendatei) sprechen:

„Kein Bedarf."
„Anforderungen sind sehr individuell."
„Es gibt Kontakte vor Ort."
„Solche Experten werden bereits beschäftigt."
„Zuverlässige Partner in Russland sind bereits gefunden worden."
„Eigene Basis ist groß genug."
„Sprache ist nicht entscheidend."
„Kommen mit Deutsch und Englisch zurecht."
„Es werden Praktiker benötigt."
„Dafür ist kein Budget vorhanden."
„Viele sind unseriös."
„Zuviel Distanz zu Russland."
„Sind in Russland immer Emigranten "Überläufer" und für ernsthafte Kontakte nicht zu empfehlen."
„Die Leute, die sich da als Experte präsentieren, sind meistens zum Verkauf unfähig."
„Eigene Russischkenntnisse sind exzellent."

2.8 Welche Informationen haben Sie sich vor Ihrer Entscheidung, auf dem russischen Markt aktiv zu werden, beschafft?

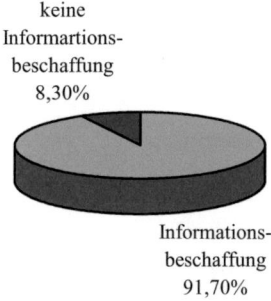

keine
Informartions-
beschaffung
8,30%

Informations-
beschaffung
91,70%

Basis: 48 Unternehmen

a) Informationen über die Branche:

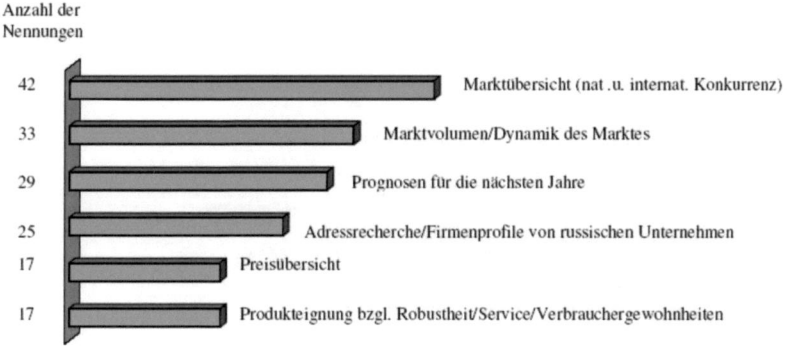

Anzahl der
Nennungen

42 — Marktübersicht (nat .u. internat. Konkurrenz)
33 — Marktvolumen/Dynamik des Marktes
29 — Prognosen für die nächsten Jahre
25 — Adressrecherche/Firmenprofile von russischen Unternehmen
17 — Preisübersicht
17 — Produkteignung bzgl. Robustheit/Service/Verbrauchergewohnheiten

Andere Brancheninformationen: Fachverbände,
Messen,
Medien,
Partnerfirmen

Basis: 51 Unternehmen
Mehrfachnennungen möglich

b) Informationen über gesetzliche Bestimmungen und mögliche Handelshemmnisse:

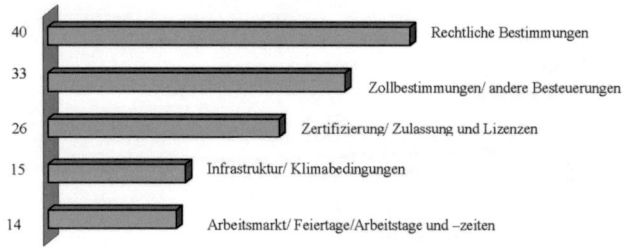

Andere Besonderheiten des russischen Marktes: Vertragsrecht,
Personalwesen,
spezielles Berufsrecht

Basis: 49 Unternehmen
Mehrfachnennungen möglich

c) Informationen über das Unternehmen, mit dem verhandelt wird:

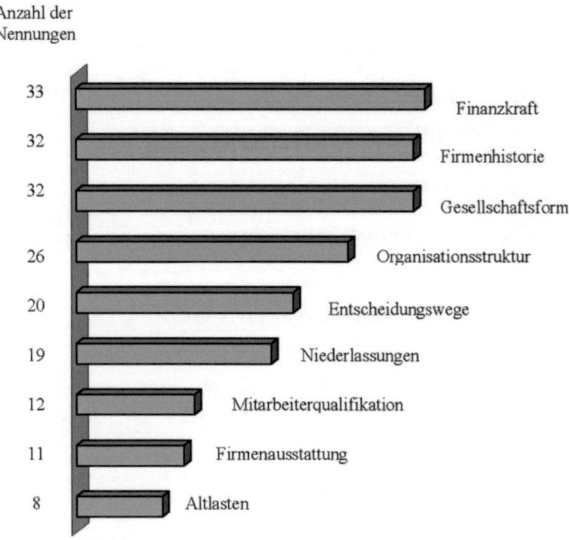

Basis: 47 Unternehmen
Mehrfachnennungen möglich

Kommentare:

„Anwesenheit vor Ort ist erforderlich, bis alles im Lot ist."

„Permanente Beobachtung juristischer Situation und laufender Veränderungen."

„Zuverlässige Informationen sind schwer zu bekommen."

„Es ist besser, eigene Strukturen zu gründen."

„Persönliche Kontakte sind wichtig."

2.9 Gestaltung Ihrer Visitenkarten und Ihrer Image- und Produktunterlagen

Einsprachig	Anzahl der Nennungen	Zweisprachig	Anzahl der Nennungen
Deutsch	5	Deutsch/Russisch	22
Englisch	4	Deutsch/Englisch	11
Russisch	1	Englisch/Russisch	12

Neun der befragten Unternehmen haben mehrere Varianten von Visitenkarten.

Basis: 52 Unternehmen
Mehrfachnennungen möglich

3. Verhandlungen: Verlauf

3.1 In welcher Sprache wurden die Verhandlungen geführt?

	mit Dolmetscher	**ohne Dolmetscher**
ohne Sprachangabe	5	6
Russisch	4	3 (russische MA)
Englisch	4	2
Russisch/Englisch	2	2
Deutsch/Englisch	2	1
Deutsch/Russisch	-	2
In drei Sprachen	12	7
Insgesamt	**29**	**23**

Basis: 52 Unternehmen

3.2 Wie setzte sich das Verhandlungsteam Ihres russischen Partners zusammen? (siehe oben, Frage 2.3)

3.3 a Welche Verhandlungstaktik haben Sie verfolgt?

3.3 b Welche Verhandlungstaktik hat Ihr russischer Partner verfolgt?

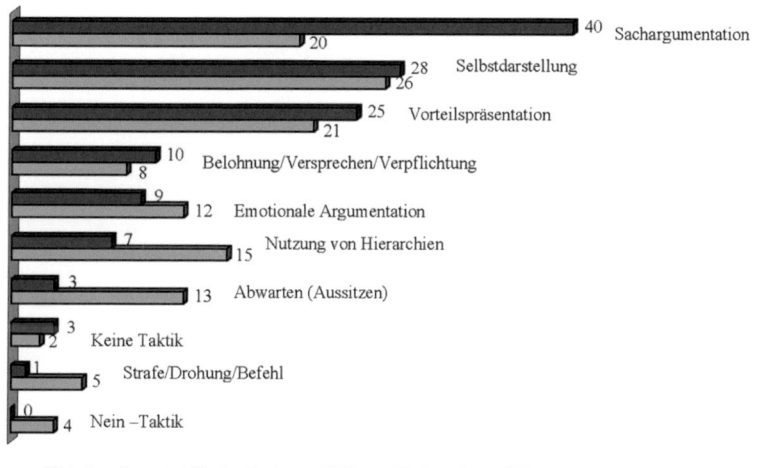

a) Basis: 48 Unternehmen
   Mehrfachnennungen möglich

b) Basis: 42 Unternehmen
   Mehrfachnennungen möglich

Kommentare/Beobachtungen beim russischen Partner:
„Hohe Forderungen, Zeitdruck wird aufgebaut."
„Russische Partner gehen in Verhandlung weniger strategisch vor, sondern mehr taktisch, aber gut abgestimmt."
„Russische Partner sind nur auf eigenen Vorteil bedacht."
„Wichtig ist persönliches Kennenlernen und langsamer Aufbau von gegenseitigem Vertrauen."
„Oft aggressive Verhandlungstaktik."
„Es muss immer mit der Unzuverlässigkeit des Partners gerechnet werden."

„Es dauert sehr lange, um eine gewisse Zugänglichkeit zu erreichen."

„Es wird oft mehrmals versucht nachzuverhandeln."

„Bis zur Auftragserteilung muss sehr viel Detailarbeit unsererseits geleistet werden (der russische Partner muss alles exakt wissen und will es verstehen)."

„Es bedarf mehrer Termine."

„Je höher die Position, desto emotionaler (gilt für Altunternehmen und alte Kaderhäuptlinge, nicht für den jungen Mittelstand)."

„Es ist oft schwirig zu erkennen, WER tatsächlich die Entscheidungen und vor allem WIE trifft."

„Entscheidung werden nur auf höchster Ebene getroffen, unteren Ebenen nehmen nur auf."

„Aggressive Verhandler, wenig sachorientiert, wolkige Versprechungen."

„Russische Verhandler verfügen oft nicht über basics von Verhandlungsführung und Benehmen."

„Strengere Hierarchie, keine win-win Situation."

„In Russland wird immer auf "Augenhöhe", also von gleicher Dienststellung aus verhandelt."

„Russen wissen anfangs alles besser, müssen sich aber dann der Wahrheit beugen."

„Keine Vertriebsstrategie, wenig Interesse, sich mit dem Absatz zu befassen."

3.4 Haben Sie mehr Zugeständnisse gemacht als vorgesehen?

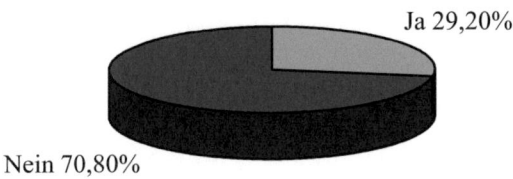

Basis: 48 Unternehmen

3.5 Haben Sie Ihr angestrebtes Verhandlungsziel erreicht oder mussten Sie die Verhandlungen abbrechen?

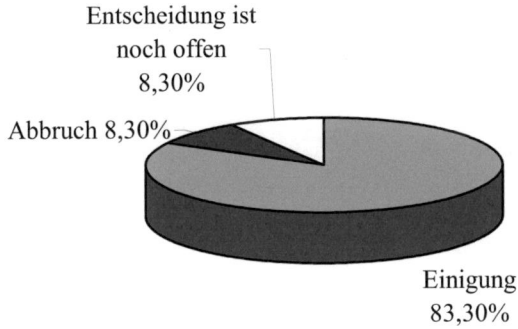

Basis: 48 Unternehmen

Was war der Grund für den Abbruch der Verhandlungen?

a) Kritik an russischen Partnern:
„Partner erkennen nicht die langfristigen Möglichkeiten."
„Nichteinhaltung von Absprachen durch den Partner."
„In der Branche gibt es manchmal Unklarheit über die Herkunft des Geldes."
„Unzureichende Kompetenz des russischen Partners."
„Zu hohe Erwartungen des russischen Partners."
„Sachliche Beschränktheit und Mittelmäßigkeit der russischen Partner."

b) Eigenkritik:
„Mangelnde Vorbereitung."

3.6 Wenn Sie sich geeinigt haben, wie lange dauerten die Verhandlungen, bis ein Verhandlungsziel erreicht wurde?

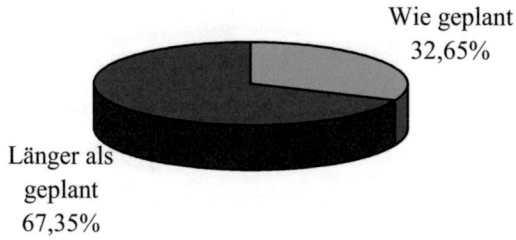

Basis: 49 Unternehmen

a) Ungefähre Zeitdauer einer Verhandlung:

Dauer	1-4 Stunden	2-3 Tage	14 Tage	einige Monate	einige Jahre
Anzahl der Nennungen	4	5	1	1	4

Basis: 15 Unternehmen

b) Wie viele Stunden/Tage länger?

Dauer	2-3 Stunden	4-6 Tage	Einige Wochen	3-6 Monate	Doppelt so lange wie geplant
Anzahl der Nennungen	2	3	2	3	2

Basis: 12 Unternehmen

Kommentare:

„Verhandlungen in Russland dauern deutlich länger als in Europa."

„Man muss sich zuerst mit dem Gesprächspartner anfreunden."

3.7 Wenn Sie sich geeinigt haben, haben Sie neben dem schriftlichen Vertragswerk weitere mündliche Vereinbarungen akzeptiert?

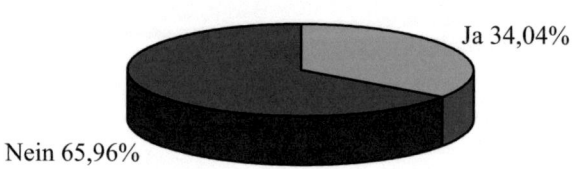

Basis: 47 Unternehmen

3.8 Wenn Sie sich geeinigt haben, waren Sie mit dem Verlauf und den Ergebnissen der Verhandlungen zufrieden?

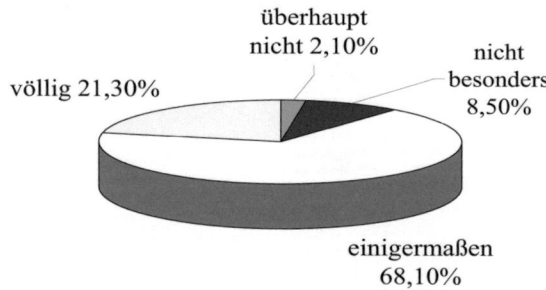

Basis: 47 Unternehmen

Kommentare:

„In Russland zählt ein Vertrag so gut wie nichts, persönliche Freundschaften bedeuten sehr viel."

„Mündliche Absprachen gelten nicht."

„Russische Vertragspartner sind nicht unbedingt vertragstreu."

„Russen sind in Verhandlungen schwierig. Sie verstehen nicht, dass Kunde König ist und dass man kaufen muss, was angeboten wird und nicht anders herum (Das typische Zeichen eines Käufermarktes)."

„Russen haben unrealistische Gewinnerwartungen."

„Das Problem ist, dass Russen und Deutsche unterschiedliche Haupt- und Nebenziele verfolgen."

„Sehr schleppender Verlauf, jedoch aufgrund eigener Ungeduld auch belastet."

„Man lernt mit der Zeit die russische Mentalität und damit das Handeln besser kennen."

„Deutsche haben im Durchschnitt weniger Kenntnisse über ihre Gegenüber als Russen."

„Deutsche kommen mit der russischen Arbeitsweise nicht zurecht."

„Deutsche neigen dazu, Russland entweder krass zu über- oder zu unterschätzen."

„Nachdem man sich an den russischen Verhandlungsstil gewöhnt hat, ist er äußerst angenehm."

„Am Anfang ist es ein Problem, da die Westeuropäer nicht gewohnt sind, sich mit Verhandlungspartnern anzufreunden."

4. Verhandlungen: Rahmen

4.1 Haben Sie für Ihren russischen Partner Gast-/Werbegeschenke mitgebracht?

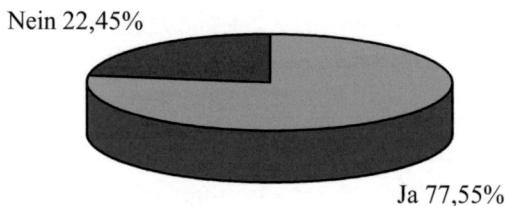

Basis: 49 Unternehmen

5. Verhandlungen: Danach

5.1 Pflegen Sie regelmäßige Kontakte zu Ihrem russischen Partner nach Abschluss der Verhandlungen, ggf. nach Vertragserfüllung?

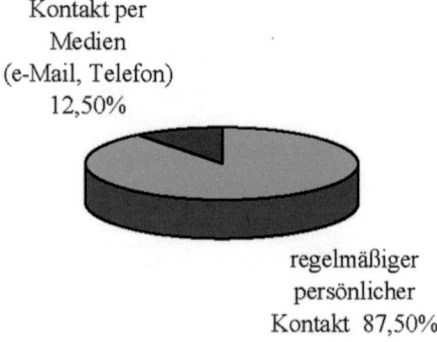

Basis: 48 Unternehmen

6. Resümee

6.1 Was war besser/ungewöhnlich/anders als in Deutschland?

Kommentare	Anzahl der Nennungen
Kein Unterschied (Wenn man sich auf die russischen Partner einstellt und sich gut vorbereitet, ist nichts anders)	5
Besser	
Gastfreundschaft	3
Menschen sind offener/Gesprächsbereitschaft	3
Größere Flexibilität	2
Ungewöhnlich	
Schnelle Zahlung	2
Schnelle Einigung	1
Verhandeln mit einem Dolmetscher	1
Anders	
Mentale Unterschiede	1
Große Unterschiede zw. privater Wirtschaft und öffentlicher Hand	1
Große unterschiede zw. jungen und älteren Manager	1
Geringe Zielstrebigkeit	1
Verhandlungen sind nicht so direkt wie in Deutschland	1
Hierarchien/Entscheidungswege sind undurchsichtiger als in Deutschland	1
Es gibt zwei Arten von Verhandlungen: Man verhandelt mit dem Eigentümer einer kleinen Firma oder man verhandelt mit mehreren Leuten aus versch. Abteilungen einer großen Firma	1
Es fehlt eine klare Linie und eine eigene Strategie des Partners	1

Basis: 40 Unternehmen
Mehrfachnennungen möglich

6.2 Was hat Ihnen besondere Probleme bereitet?

Kommentare	Anzahl der Nennungen
Schwierige Terminplanung, häufige Verschiebungen, Unpünktlichkeit	8
Mangelnde Verbindlichkeit von Absprachen/Unzuverlässigkeit	5
Bürokratie in Russland	4
Keine Probleme	4
Schlechte Sachkenntnisse des Partners	4
Mangelnde Kenntnisse über andere Märkte	4
Das mangelnde Vertrauen der russischen Partner	3
Umfangreiche und interpretationsbedürftige Rechtslage	3
Korruption	3
Aneinander vorbei reden. Keine Kenntnis der gegenseitigen Ziele	3
Zahlungskonditionen und Kreditlimits	2
Verständigungsschwierigkeiten	2
Interne Abstimmung mit interkulturellen Randbedingungen sind erschwerend	2
Zu Beginn muss die persönliche Ebene gepflegt werden	1
Zurückhaltung bei der Offenlegung von Informationen	1
Unrealistische Vorstellungen der russischen Partner	1
Keine schnellen Entscheidungen	1
Qualitätsdefinition ist deutlich schlechter	1
Sich ständig wechselnde Laune	1
Kein kontinuierlicher Fortgang der Verhandlungen, Springen von einem Thema zu einem anderen	1
Bereits erteilte Zusagen wurden im Nachhinein wieder in Frage gestellt	1

Basis: 33 Unternehmen
Mehrfachnennungen möglich

6.3 Was würden Sie heute mit Ihren gemachten Erfahrungen bzgl. Vorbereitung/Durchführung/ Nachbereitung von Verhandlungen mit russischen Partnern anders machen?

Kommentare	Anzahl der Nennungen
Nichts	7
Weiter so arbeiten	2
Noch deutlichere und klarere Formulierung eigener Leistung	2
Verhandlungen noch härter führen, sich nicht ausnutzen lassen	2
Viel Zeit für alles einplanen	2
Abwicklung ausschließlich über die eigene Landesorganisation	2
Vor- und nachbereitende Kontakte durch Muttersprachler	1
Mehr persönliche Informationen vom Gesprächspartner einholen	1
Persönliche Kontakte besser pflegen	1
Abstimmung einer klaren Strategie für eigene Ziele	1
Noch intensivere Vorarbeit erforderlich	1
Die jeweilige Interessenlage im Vorfeld besser abgleichen	1
Vorverhandlungen	1
Weniger auf eine umfangreiche standardisierte Präsentation setzen, sondern situationsbedingter vorbereitet sein, um überraschen zu können	1
Geduld als Tugend	1
Bessere Sprachkenntnisse	1
Gemachte Zusagen schriftlich fixieren	1
Russische Partner von den hiesigen Bestimmungen bzw. gewissenhaften Arbeitsabläufen überzeugen. Aufbauarbeit!	1
Die Spielregeln sind relativ deutlich vorgegeben - viel Spielraum gibt es gar nicht	1
Erfahrungen mitnehmen	1

Basis: 32 Unternehmen
Mehrfachnennungen möglich